짱유화교수 차과학 총서 1

보이차과학 증보판 _ 발효 그리고 미생물

지은이/ 짱유화
펴낸이/ 짱유화
펴낸곳/ 도서출판 삼녕당
www.chinatea.re.kr
www.puertea.re.kr

1판 3쇄 발행일/ 2022년 05월 25일

등록/ 2011년 01월 25일 (제2011-11호)
주소/ 서울시 금천구 가산동 디지털 1로 2, 301호 (가산동 우림라이온스밸리 2차)
전화/ 02-2027-2988, 팩스/ 02-2027-2989

표지디자인/ 짱유화姜育發, 짱닝루이姜寧瑞
문서디자인/ 짱유화姜育發
인디자인/ 문서편집/ 짱유화姜育發, 짱닝루이姜寧瑞
포토샵/ 일러스트/ 짱유화姜育發, 짱닝루이姜寧瑞
사진/ 짱유화姜育發/
로고/ 짱닝루이姜寧瑞

인쇄/ 계림종합출판사

값/ 17,000

이 책에 실린 글과 그림, 사진, 일러스트 등의 저작권은 저자와 도서출판 삼녕당에 있으므로, 저작물의 일부라도 무단 인용이나 도용, 복사 및 전재, 재배포 등 일체의 저작권침해행위를 금합니다. 이를 어길 시, 민·형사상의 책임을 질 수 있습니다.

잘못 만들어진 책은 구입처에서 바꾸어 드립니다.

"우리가 즐겨 마시는 차 중에서 사람들로부터 가장 많이 의문을 사고 있는 차가 '보이차普洱茶'일 것이다. 대부분의 사람들이 보이차를 대했을 때 처음 던지는 말이 "이거 진짜 맞나?"라는 것이다. 이 말은 그만큼 우리 주변에 '짝퉁 보이차'가 많다는 방증傍證일 것이다. 또한 보이차에 대한 설명도 사람마다 제각각이다. 보이차를 제법 안다는 사람들마저도 보이차를 설명하라하면, 그동안 자신이 알고 있었던 지식에 놀라운 상상력까지 더하여 자기 입맛에 맞는 결론을 내린다. 이렇게 만들어진 결론은 그 사람만의 보이차 정의定義가 된다."

『짱유화 보이차에게 다시 묻다』-들어가는 말에서

들어가는 말

오늘날 소비자들이 접하는 보이차 정보는 대부분 상인들이 일방적으로 전한 정보에만 의존하는 경우가 많다. 상인들이 제공하는 정보는 그들이 의식적·무의식적으로 받았던 정보와 깊은 관계가 있다. 더욱이 일부 소비자는 자신이 그동안 알고 있었던 정보에 놀라운 상상력 즉 '멋대로 생각'을 더하여 자기 입맛에 맞는 결론을 내린다.

1996년 대만臺灣 |타이완| 덩스하이鄧時海 |등시해|가 처음으로 보이차를 다룬 책『보이차普洱茶』를 출간했다. 세계에서 두 번째 보이차 전문서적은 2년 후 한국에서 나왔다. 1998년 내가 만든 『보이차완전해부普洱茶完全解剖』한국어판이다.

이 책도 역시 골동보이차 중심으로 내용을 편집했으나, 보이차 구매조건을 다섯 가지로 제시했다. 첫째: 원료는 야생野生, 둘째: 건조는 쇄청曬靑, 셋째: 감별은 내비內飛와 내표內票, 넷째: 저장은 건창乾倉과 청결|乾淨|, 다섯째: 품질은 곰팡이|霉|의 유무 등이었다. 이른바 "야野·쇄曬·내內·건乾·매霉"를 보이차에 이입시켜 교육했는데, 이 다섯 가지의 원칙은 오늘날까지 보이차를 구입하는데 그대로 적용되고 있다.

이후 2011년, 2014년 필자는『보이차 쩡유화에게 묻다』와 『쩡유화 보이차에게 다시 묻다』그리고 2017, 2018년 연달아 『보이차 과학: 발효 그리고 미생물』와『보이차 사전: 과거 그리고 현재』를 내놓았다. 이 책들도 역시 한국 보이차 애호가들에게 정확한 보이차 지식을 전달하기 위해 만들었다.

나는 "나의 가치관과 달라도 사실 자체를 간과하거나 꿰맞추지 않아야 한다"는 말은 즐겨 쓴다. 그래서 나는 팩트fact |사실|의 힘을 믿는다. 시각에 따라 해석이 다를 수 있으나 상식적 추론에 기초한 사실은 결국 진실을 향한다. 이것은 학자로서의 신념이다.

새 안경이 사물을 또렷하게 보여주듯이 필자는 보이차의 '과학'과 '문화' 그리고 '지도'·'진위' 등에 초점을 맞추어 보이차 책을 시리즈 형태로 만들 예정이다. 첫 번째 책인 『보이차과학』은 보이차 과학에 관련된 다양한 정보를 일반 소비자들이 잘 이해하도록 돕기 위해 썼다.

과학을 모르면 보이차의 지식은 영원히 반쪽으로 남는다. 특히 차 학문에서 차용 또는 남용하지 말아야할 용어인 '발효'와 '미생물'에 대한 이해에 중점을 두어 글을 썼기에 책의 부제를 '발효와 미생물'이라고 했다.

내 인생에서 보이차와 함께 한 세월이 어언 40여 년이 흘렀다. 그렇다보니 어느덧 나는 보이차에 관한 많은 일들을 보고 겪은 산증인이 되었다. 이젠 보이차 세계에서 웬만큼 알려진 유명인사 즉 1세대 보이차 대가들은 모두 내 친구가 되었다. 그들과 나눈 수많은 대화와 자료들이 이 책의 밑거름이 되었다.

나름대로 열심히 정리하려고 애썼지만 독자들께서 보기엔 부족하거나 정확하지 않은 부분도 있을 것이다. 그럼에도 이 책이 보이차를 알고 싶어 하는 많은 이들이 보이차의 진실을 이해하는 데 조금이라도 도움이 된다면 더 바랄 게 없겠다.

소비자들이 균형감각을 갖고 이 책 속의 정보를 숙지하고 보이차의 진위를 판단할 수 있는 능력만 키운다면, 보이차에 대한 혼란을 최소화할 수 있다는 것이 필자의 생각이다.

"답을 맞출 욕심만 내기 때문에 눈에 아무것도 안 보이는 것이다. 답을 내놓는 것도 중요하지만 질문이 무엇인지 아는 것이 더 중요하다. 왜냐면은 틀린 질문에서는 옳은 답이 나올 수 없기 때문이다. 답을 맞추는 것보다 답을 찾는 과정이 더 중요하다. 그것이 수학이다" 영화 '이상한 나라의 수학자'에서 나오는 대사다.

대사 가운데 '수학'을 '보이차'로 대입하면 답이 저절로 나온다. 보이차의 공부도 답을 맞추는 것보다 답을 찾는 과정이 더 중요하기 때문이다.

끝으로 이 책을 만드는 데 고마움을 전해야 할 분들이 있다. 내 책을 한결같이 실비로 인쇄해주신 계림종합출판사 이강혁 사장님, 내 원고를 자신의 것처럼 정성껏 봐주고 교열해주신 손인숙 선생님 그리고 이 책의 편집과 표지 디자인을 만들어 준 내 딸 쨩닝루이姜寧瑞|**강녕서**|의 노고에 고맙다는 말을 전한다. 그리고 젊은 친구이지만 배울점이 많은 석구 박석민님의 인연도 소중하며 감사하다.

2022년 5월 삼녕당에서 화수고천華叟孤舛

"중국은 보이차 일본은 녹차, 그럼, 한국은?"
지하철 광고 카피에서 시사하듯 어느덧 한국에선 중국차의 대명사가 보이차가 되었다.

중국 상하이 고급 보이차 전문 찻집 '대가당大可堂'의 메뉴판.

호자급 골동보이차 한 번 마시는 가격 8g이 인민폐 10만 위안, 한화로 1900만원.

인자급 골동보이차는 4만 위안, 한화로 760만원이다.

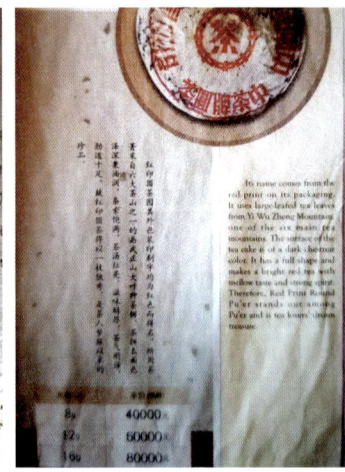

전통보이차 이른바 골동보이차의 세계에서 나도는 이야기가 있다.

"팔고 싶어도 팔 수가 없고, 사고 싶어도 사지 못하는 것이 골동보이차다"

일리 있는 얘기다.

골동보이차는 1950년 이전에 만들어진 것이다.

예로 '송빙호宋聘號' 한 편의 원래 무게가 357g이지만 세월을 거쳐 풍화風化되어 대체로 지금은 310~320g이 된다.

2022년 송빙호 한 편의 가격이 한화로 7~8억 정도 호가하고 있다.

오늘날의 골동보이차는 경매회사를 통해 거래되고 있다.

2018년 송빙호 북경 경매장에서 한 편의 낙찰가가 260만 위안, 2019년 홍콩 경매장에서 300만 홍콩 달러, 2020년 홍콩 경매장에선 353만 홍콩 달러, 한화로 5억 9천만원으로 낙찰되었다.

홍인의 가격은 7만 5천 위안, 한화로 1억 4천만원이다.

소식에 따르면 2022년 홍콩 경매장에서 송빙호 한 편의 가격이 한화로 7억 2천만원으로 낙찰되었다고 한다.

학자는 저술을 통해 자신의 학문을 증명한다고 했다.
30여 년의 차교육 생활하면서 어느덧 23권의 차 전문서적을 출간했다.
이 가운데 보이차에 관한 서적이 8권이며, 1988년 내가 만든 「보이차완전해부」 한국어판은 세계에서 두 번째로 나온 보이차 전문서적이다.

나는 내 생애에 30권의 책을 더 내는 것이 목표다.
"내가 아니더라도 결국에는 누군가가 지금 내가 하고 있는 내용들을 밝혀 정리할 것이다. 그럼에도 이 작업을 계속한 것은 한국 차문화 발전을 위한 사명감 때문이다. 나의 노력으로 한국 차인들이 조금이나마 배움의 시간을 단축할 수 있다면 학자로서 이 또한 매우 기쁜 일이 아닐까?"

내가 책을 계속 집필하는 동기에 대한 답이다.

내 인생에서 보이차와 함께 한 시간은 어느덧 40년이 지났다. 돌이켜보면 나는 보이차 근대사와 함께 많은 일들을 겪었던 산증인이었다. 이젠 보이차 세계에서 웬만큼 알려진 명사들은 모두 내 친구가 되었다. 이들은 모두 보이차 근대사를 위해 공헌한 분들이다.

필자의 『보이차 짱유화에게 묻다』와 『짱유화 보이차에게 다시 묻다』 두 권의 책 뒷면에 그들의 얼굴을 실었다. 모두 30명이다. 이들의 직업·성품·세간의 평가에 대한 호불호는 보이차의 공헌도와는 무관하다. 모두 다 내 주관적으로 선정한 분들이다.

필자의 보이차 3부작 「보이차과학-부제: 발효 그리고 미생물」, 「보이차문화-부제: 과거 그리고 현재」, 「보이차진위-부제: 진품 그리고 방품」 한국어판에 이어 중국어판과 영어판이 잇달아 출간할 예정이다.

그리고 「보이차지도-부제: 차산茶山 그리고 명채名寨」도 한국에서 먼저 곧 선보일 것이다. 이 책은 운남 4대 보이차산구産區 즉 서쌍판납西雙版納 · 보이시普洱市 · 임창시臨滄市 · 보산시保山市 등지의 차산 그리고 촌채村寨를 지도로 만들어 그 지역으로 가는 방향과 거리를 가이드하며 세계 최초로 시도하는 보이차 산지 GPS 안내책이다.

예를 들어 이무易武의 7촌촌 8채寨뿐만 아니라 이곳의 유명한 '소중차小衆茶' 산지도 빠짐없이 안내하고 있다. 빙도冰島의 맹고勐庫 18채寨도 마찬가지로 각 차산 · 촌채에 관련된 사진 그리고 간단한 설명도 곁들여 소개하고 있다.

필자가 각 산지의 촌채를 직접 포토샵으로 그리기에 거의 1년 가까이 작업 했는데도 아직 완성하지 못하고 있다. 이 해 여름 가기 전 출간되기를 바라며 더욱 분발할 것이다.

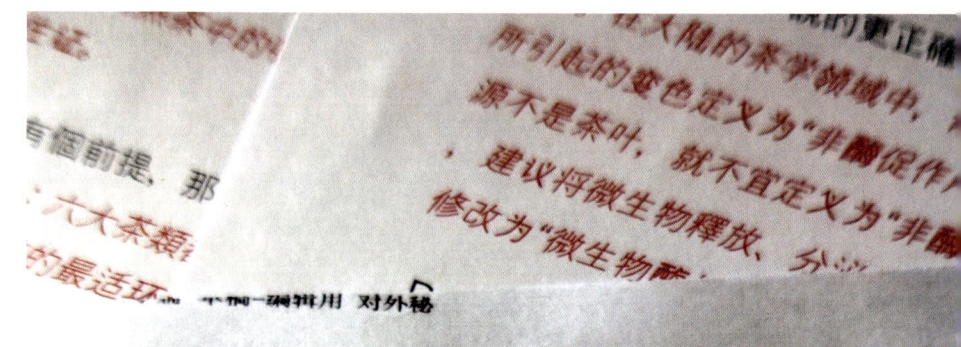

晒青茶加工是由杀青、揉捻、日晒干燥而完成的。然而,用低温
不能叫做"杀青"。这样做出来的茶,恐怕就不能称其为"普

温度不高,常常发现梗子或叶脉会变
中多酚氧化酶活性比叶肉高得多,
即使叶肉是绿色的,梗子或叶脉也

际反而不科学。

P271

"……茶氨酸产生了一定降解而造成的",建议修
降解或转化而造成的"。北京大学屠鹏飞教授
表明:普洱熟茶加工中茶氨酸与儿茶素
能成分——普洱茶素(黑茶素)

청치쿤程啓坤 | 정계곤 | 교수는 중국 차 과학 최고 연구기관인 중국농업과학원 차엽연구소中國農業科學院茶葉硏究所 소장을 역임한 과학자이자 나의 은사이며, 이른바 '7대차류七大茶類'를 정립한 학자이기도 하다.

와병 중에서도 필자의 『보이차 과학』을 한 장 한 장 꼼꼼히 교열해주었고, 수정해야 할 곳은 친필로 교정해주신 교수님에게 다시 한번 경의를 표한다.

필자의 『보이차 과학』을 교열해준 또 한 분이 있다.

호남농업대학湖南農業大學 차학과 류중화劉仲華 | 유중화 | 교수다. 류중화는 중국공정원中國工程院 원사院士이기도 하다.

중국공정원 원사는 1994년에 생긴 중국 공학 분야에서 최고 학술자에게 주어진 칭호이며, 공산당 최고지도자인 국가주석이 직접 임명장을 수여한다. 원사는 부부장급의 대우를 받으며, 나라에서 개인 비서뿐만 아니라 기사 · 영양사 · 요리사 등의 인원을 배치해준다.

중국 차학계에는 현재 2명의 원사가 있으며, 첸쭝마오陳宗懋 | 진종무 | 와 류중화劉仲華 | 유중화 | 이다. 아래 사진 왼쪽 두번째 사람이 첸쭝마오, 오른쪽 첫 번째가 류중화 원사다.

원사인 류중화 교수는 필자의 저서 『보이차 과학』 중국어판에서 논한 '발효와 미생물'에 대한 논리를 정립하기 위해 원고를 수작업으로 교열해주었고, 정정한 부분을 붉은 글씨로 표기해주셨다.

그는 원사로서 너무 바쁜 스케줄을 소화하고 있다. 그럼에도 기차 또는 비행기를 이동하는 틈새 시간을 내어 이 책의 내용을 하나하나 봐주셨다. 인생을 살아가는데 이러한 친구 한 명만 있어도 삶의 참맛을 느낄 수가 있어 참으로 행복한 노릇이다.

一片树叶架起的跨国"茶路"

A leaf set up the transnational tea road

撰稿_李楠／摄影_受访者提供

20年开年之际,冬的气息已悄然褪去,春意搦寸着茶园的普洱,迎来了一位远方的客人,他就是韩国国际普洱茶研究院院长、全球普洱茶十大杰出人物、普洱市人民政府茶产业发展顾问姜育发教授。

受韩国新世界百货集团委托,姜育发教授于1月14日到访普洱,走访了当地诸多茶企业,以茶为媒,为普洱市与韩国架起了一条跨国"茶路"。

不辞辛苦远道来,只为跨国促合作

姜育发教授此番来材,目的是为了有序推进普洱市与韩国之间的普洱茶产业合作。据他介绍,目前韩国和中国的普洱茶产业无论从市场、文化还是其他方面来看,都可说是并驾齐驱。经过几十年的发展,大部分喜欢来的韩国人,都掌握了普洱茶的基本知识,对普洱茶的消费也越来越理性。但韩国对产品质量、卫生检验十分严格,进口茶叶只要检验不合格就必须整批销毁。

"作为普洱市人民政府茶产业发展顾问,这些年来普洱市对各县(区)茶园交付的努力,从生态茶园到有机茶园,一印的踏实前行,在普洱市委市政府强有和指导下,普洱市的茶叶品质完全能满进口需求,所以我抓这次到普洱的目的,就普洱市和韩国双方能尽早达成普洱茶产业

双方交流已深远,只待春来好时

据姜育发教授介绍,在2019年8月委书记卫星、副市长杜建辉等一行7人到问考察,对普洱茶产业标准化、品牌化、展等问题与韩国有关方面进行了广泛交赴韩交流主要有两个目的:一是了解韩产业及市场现状;二是普洱市茶叶和咖展中心与韩国国际普洱茶研究院共同开目,并韩国签约。

在韩考察交流期间,考察团来到三公新世界百货集团,与集团社长、副社

◀ 20

중국의 행정구역 가운데 '시市'의 개념은 우리의 '도道'와 같으나, 도청소재지 즉 시청소재지의 명칭도 같이 쓰는 경우가 많다. 예를 들어 푸얼시普洱市 | 보이시 | 의 경우 이는 행정지역의 명칭이자 행정도시의 이름이기도 하다.

2019년 여름, 우리의 도지사격인 웨이싱衛星 | 위성 | 보이시 서기장과 보이시 시장 등 일행 9명이 사단법인 〈한국국제보이차연구원〉을 방문해 상호협력 및 파트너십 구축을 위한 전략적 업무협약 MOU를 체결했다.

2005년 전 보이시 서기장이자 운남성 부성장인 선페이핑沈培平 | 심배평 | 이 필자에게 중국정부 최초로 '세계 10대 보이차 권위자' 상장을 수여했다.

2019년 보이시 웨이싱衛星 | 위성 | 서기장이 필자에게 '보이시인민정부차산업발전고문普洱市人民政府茶産業發展顧問' 임명장을 수여했다.

해외에서 보이차가 선풍적으로 인기를 끌자 1993년 당시의 쓰마오구思茅區 | 사모구 | 지금의 푸얼시普洱市 | 보이시 | 에서 제1회 '보이차 국제 학술 세미나'를 개최했다. 필자도 해외 화교들과 참석했으나 중국 측에서 말한 보이차란 오직 '미생물 보이차'라는 것을 알고 3일째 대만으로 돌아갔다.

入的产业交流。新世界百货集团代表表示,新百货在过去70年里领导着韩国的百货业,实属,集团对普洱茶产业颇感兴趣,但由于普洱产品良莠不齐,市场规范程度不高,标准不一,所以对进入普洱茶市场仍有顾虑。对此,卫记从普洱茶全产业角度出发,阐述了普洱市"绿水青山就是金山银山"理念,持续推进君茶文化之源"建设,致力于打造世界一流色食品牌"打出的系列"组合拳"。卫星书记说,茶是普洱的根,普洱的魂,普洱的历史和。普洱不但茶树类型齐全,而且构成了从野过渡到人工栽培的人类发现、利用、驯化茶树的文明序列,从宽叶木兰化石到中华木兰化到镇沅千家寨2700年野生型古茶树,澜沧邦00余年过渡型古茶树,景迈山千年万亩栽培茶林,世界茶树原生地"五世同堂"的实物链清晰可见。正因为这样,2013年国际茶业会授予普洱"世界茶源"最高名号,有力证中国是世界上最早种茶、制茶、饮茶、贸易茶。

洱茶发展战略合作备忘录。

21 ▶

19

『짱유화 보이차에게 다시 묻다』 출판기념회
2014년 11월 21일
부산 농심호텔 대연회장

- 이 책은 다음과 같은 요령으로 엮었다 -

1) 이 책은 필자의 저서 『보이차완전해부普洱茶完全解剖』 『보이차 짱유화에게 묻다』 『짱유화 보이차에게 다시 묻다』 내용 중 일부를 발췌, 보충·수정하여 재편집한 증보판이다.

2) 이 책의 내용에서 차와 찻잎의 표기는 가공과정을 마친 건물차乾物茶를 '차', 차나무의 찻잎을 비롯해 가공과정 중의 찻잎을 모두 '찻잎'이라 표기하였다.

3) 이 책의 내용 중 차의 가공법에서 여러 가지 공정으로 이루어진 전체 작업은 '과정過程'으로, 단일 작업은 '공정工程'으로 표기하였다. 예를 들어, 녹차의 가공과정·청차의 가공과정은 '과정'으로, 녹차의 가공과정 중 살청공정·유념공정·건조공정 등은 '공정'으로 한 것이 이와 같다.

4) 이 책의 인명은 신해혁명 |1911|을 기점으로 과거와 현대를 구분했다. 인명에서 과거의 경우는 고전을 통해 생활 속에 정착된 대로 한국식 한자음으로 읽도록 하고, 현대의 경우는 중국어 발음에 따라 먼저 적고 뒤에는 한자를 적어 참고하도록 했다.

5) 이 책의 민족 명칭은 인명과 같이 중국어 발음에 따라 먼저 적고 뒤에 한국 한자음을 적어 참고하도록 했다.

6) 이 책의 지명은 한자음을 먼저 적고 한자와 중국어 발음을 차례대로 적어 참고하도록 했다. 단, 각 파트에 최초로 보인 지명만 앞서 언급한 표기대로 적고, 두 번째부터의 동일한 지명은 한국 한자음만 적고 중국어 발음은 생략했다.

7) 이 책의 한국식 한자 독음으로는 '운남', 중국발음으로는 '윈난'으로 읽는다. 정자체는 '雲南'이고, 간자체로는 '云南'으로 표기한다. 차명茶名·기관 등 기타의 고유 명칭은 모두 한국 한자음만 적고 중국어 발음은 생략했다. 예를 들어 '烏龍茶'를 우룽차라 하지 않고 '오룡차'로 한 것이 이와 같다.

8) 일본의 경우 인명·지명은 일본어 발음에 따라 적었다.

9) 이 책의 화학용어 표기는 『대한화학회 화합물명명법』을 따랐으며 효소의 용어는 한국생물과학협회의 『생물학 용어집』을 참고하였다. 대한화학회와 한국생물과학협회의 규칙이 상충할 경우에는 대한화학회 명명법을 우선하였다.

10) 이 책의 화학용어 중 그동안 일본식 용어와 혼용해왔던 표기와 출처가 불분명한 용어는 모두 『대한화학회 화합물명명법』의 기준에 따른 한글 표기 방법으로 사용하였다. 예를 들어 화학원소에서 '불소'는 '플루오린', '망간'은 '망가니즈', 유기화합물에서 '카테친'은 '카테킨', '데아닌'은 '테아닌', '테르펜'은 '터펜', '에스테르'는 '에스터', '벤진'은 '벤젠', '알데히드'는 '알데하이드', '카르복실산'은 '카복실산', 효소에서 '폴리페놀옥시다아제'는 '폴리페놀옥시데이스', '페록시다아제'를 '퍼옥시데이스', '카탈라아제'를 '카탈레이스' 등과 같이 통일하였다.

11) 이 책의 화학용어 중 한국 고유의 용어인 경우 1차 표기에서 고유용어와 한자 그리고 로마자를 함께 표기하고, 이후의 사용에서는 모두 한국 고유용어만 표기하였다. 예를 들어 단백질의 경우 1차 표기에서 '단백질蛋白質, 프로틴, protein'과 같이 표기하였으나, 이후의 표기는 모두 '단백질'로 통일하였다.

12) 이 책에서 카테킨의 표기는 아래와 같이 기재하였다.

　카테킨: (C)
　에피카테킨: (EC)
　갈로카테킨: (GC)
　에피갈로카테킨: (EGC)
　에피카테킨갈레이트: (ECG)
　에피갈로카테킨갈레이트: (EGCG)

13) 『대한화학회 화합물명명법』의 명명 원칙은 1998년 6월 22일 대한화학회의 화학술어상임위원회 |위원장 윤창주|에서 논의하여 확정된 것으로, IUPAC의 화합물 이름을 우리말로 표현하는 데에 필요한 원칙을 담고 있다.

14) 이 책에 쓰인 부호는 다음과 같다.

(1) 『　』: 서명을 표시할 때
(2) 「　」: 시명을 표시할 때, 작품명과 편명을 표시할 때
(3) "　": 대화 등의 인용문을 묶을 때
(4) '　': 시의 제목이나 강조 부분을 묶을 때
(5) |　|: 음은 다르나 뜻이 같은 한자를 묶을 때

15) 맞춤법과 띄어쓰기는 한글 맞춤법 통일안을 따르는 것을 원칙으로 했다.

CONTENTS

04 들어가는 말

22 일러두기

28 목차

EDITING STAFF

편집/사진
짱유화 姜育發

교열
손인숙

Editor-In-Chief / Chiang yufa

Assistant Editor / Chiang ningruey

Assistant Visual Editor / Chiang yufa

Art Editor / Chiang yufa

Revised / Shon insook

Designer / Chiang ningruey

Illustrator / Chiang ningruey

Photo / Chiang yufa

일러스트 디자인
짱닝루이 姜寧瑞

32 차의 인도 기원설
36 차의 중국 기원설
40 차의 학명
44 식물명명규약의 학명
48 국제식물명명규약
50 차의 품종
52 야생차나무의 형태
56 중국표준 약식기호 DB/T, GB/T, Q/T PCX, QS, SC
60 보이차 2003 운남지방표준 DB 53/T 102-2003
64 보이차 2006 운남지방표준 DB 53/103-2006
70 보이차 2007 운남지방정부
　보이시普洱市차엽기업표준茶葉企業標準 Q/T PCX 02-2007
78 보이차 2008 중국국가표준 GB/T 22111-2008
84 2014 차의 정의 중국국가표준 GB/T 30766-2014
100 차의 학문에서 잘못 차용된 용어 '발효'
108 찻잎 변색의 주된 원인은 효소에서 비롯된다
112 차의 학문에서 갈변과 산화는 같은 개념, 즉 등식이 아니다
116 덖는 횟수와 관계없이 1차 덖기 과정만이 살청공정이다
124 찻잎은 효소로부터 갈변이 된다
128 찻잎은 효소 없이도 갈변이 된다
134 차는 왜 위조하는 것일까
140 보이차는 반드시 햇볕으로 말려야 한다
146 차는 가공방법에 따라 명칭을 정한다

154 차의 성분 삼총사
160 차의 품질 우열은 탄소율이 결정한다
164 보이차의 후운은 운남대엽종에서 나온다
170 페놀 폴리페놀 티폴리페놀 그리고 카테킨
176 자연카테킨 1차카테킨 산화카테킨 2차카테킨
180 인공쾌속발효갈변차 자연완만갈변차
188 야생보이차 대지보이차
194 보이차의 저장
204 보이차 저장에서 핀 금화는 발암물질이다
212 미생물로 발효된 보이숙차는 일반 흑차와 다르다
218 보이차와 건강

'한국국제보이치연구원' '짱유화보이차연구소'는 운남성정부로부터 지원을 받아 운영하고 있는 사단법인 교육 연구소다. 이곳은 중국정부 위임기관으로 보이차 연구 외에 보이차 진위를 가리는 감별 수입도 병행하고 있다.

'짱유화보이차연구소'의 교육 목표는 보이차에서 온 불확실성을 해소하는 데 필요한 틀을 제공하는 데에 있다.

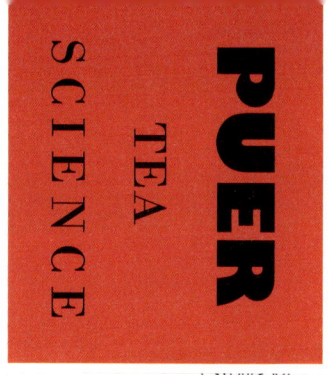

차의 인도 기원설

차나무 원산지에 대한 학설은 다양하다. 크게는 인도기원설과 중국기원설이 있다. 인도기원설은 1824년 인도에 주둔했던 영국군 장교 로버트 브루스(R. Bruce)가 아쌈주 사디야(Sadiya) 지방에서 발견한 높이 1,311cm, 둘레 93cm의 야생차나무에 근거하여 주장한 것에서 비롯되었다.

다음해 로버트의 동생 찰스 알렉산더 브루스 |C. A. Bruce|가 아쌈 지방에 파견되어 4년이라는 세월을 밀림에서 차를 재배했다. 이때 그도 로버트가 보았던 비슷한 크기의 야생차나무를 발견하자 인도기원설이 더욱 설득력을 얻었다.

특히 당시 세계 홍차시장을 좌지우지한 영국 동인도회사가 인도 홍차의 인지도를 높이기 위해 인도기원설을 고착화하는 데 일조했다는 분석이 나오고 있다.

영국 첼시왕립식물원 원장 로버트 포춘 | Robert Fortune, 1812-1880 | 은 1848년 동인도회사 배편으로 중국으로 갔다.

그는 당시 세상에서 가장 돈이 되는 차나무의 묘목과 씨앗을 훔쳤다. 그는 중국옷을 입고 생활하면서 차산업 스파이의 임무를 수행했고, 중국에 관한 책도 저술했다.

포춘이 중국에서 가져온 차나무는 지금 인도 북부 '다르질링'에서 자라고 있다.

스리랑카는 과거에는 '실론'으로 불렸다. 인도 '아쌈' 지역에서 실론으로 옮겨 심은 차나무는 오늘날 스리랑카를 '세계 4대 차 생산국'으로 올려놓았다.

2021년 세계 4대 차 생산국은 중국·인도·케냐·스리랑카 순이다.

차의 중국 기원설

중국기원설에서 가장 많은 호응을 얻고 있는 곳은 '운귀고원雲貴高原|Yunnan-Kweichow Plateau|'이다. '운雲'은 운남雲南|**윈난**|, '귀貴'는 귀주貴州|**구이저우**|를 말하며, 즉 운남성 북부와 귀주성 서부에 걸쳐 있는 해발 1,000m에서 2,000m 높이 고지대의 통칭이다. 운귀고원은 위도상으로는 대만이나 미얀마와 비슷하지만 기후는 우리나라와 비슷하다.

특히 운남성의 성도인 곤명昆明|쿤밍|지역에 있는 분지는 이 고원에서 가장 농업이 발달한 곳이며, 기후가 사시사철 봄과 같다 하여 '봄의 도시|春城|'라는 별칭을 갖고 있다.

많은 학자들이 운귀고원을 차나무 원산지로 본 이유는 1980년대에 들어와 중국 운남성·귀주성·사천성四川省|**쓰촨성**|·광서성廣西省|**광시성**| 등 서남지역에서 인도가 차의 원산지라고 주장한 차나무보다 훨씬 크고 오래된 차나무들이 잇따라 발견되면서부터다.

특히 '운귀고원'에는 야생차나무들이 즐비하게 자라고 있을 뿐만 아니라 지금까지 발견된 가장 오래된 진원현鎭沅縣|**텐위안현**| 천가채千家寨|**첸자이**|의 2700년 원시형 야생차나무가 이곳에 있고, 또한 그 주변 차나무들이 이 지역을 벗어나더라도 형질변이의 폭이 적은 까닭이다.

식물유전학에서 형질변이의 폭이 적을수록 그곳을 원산지로 본다. 즉 차의 조상이라는 교목대엽종과 변이종인 관목소엽종 등이 모두 공존하는 이 지역이 원산지라는 논리를 근거로 삼는 것이다. 따라서 오늘날 학계에서는 차의 원산지를 대체로 중국에서 찾고 있고, 인도기원설은 설득력을 잃게 되었다.

1978년 보이시 경곡景谷|징구|에서 3540만년 전 차나무의 전신인 관엽목란화석寬葉木蘭化石|Fossil magnolias with broad leaves|즉 넓은 잎의 목련 화석이 발견되었다.

이 화석은 현재 보이시박물관에 보관되어있다.

1991년 보이고차수普洱古茶樹 제1인자로 알려진 허사화何仕華|허시화|연구원은 지금의 보이시普洱市 난창현瀾滄縣|란창현| 부동향富東鄉|푸둥향| 방외촌邦崴村|방웨이촌|1880m 고산지대에서 한 그루의 차나무를 발견했다.

이 차나무의 높이는 12m, 나무줄기의 윗부분인 수관樹冠의 가장 넓은 폭이 7.8m이다.

종합적인 분석과 논증을 거쳐 차나무의 수령은 천 년 정도이며 '과도형야생고차수過渡型野生古茶樹'로 밝혀졌다.

지금 시장에서 거래되고 있는 이른바 '야생차'는 모두 인위적인 방법으로 재배한 군락형태이면서 집단 서식하는 '재배형 야생차나무'의 찻잎이다.

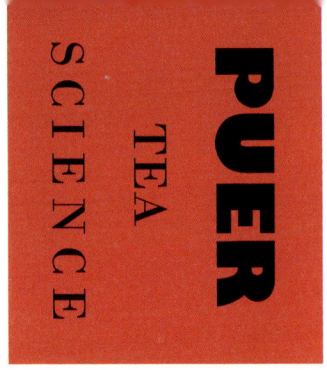

차의 학명

차의 학명은 '*Camellia sinensis* (L.). O. Kuntze'이다. 여기서 '*Camellia sinensis*'는 차의 종 즉 차종茶種을, '(L.)'는 린네, 'O. Kuntze'는 오토. 쿤츠를 말하며, 모두 사람 이름이다.

린네는 스웨덴 식물 분류학자 칼 폰 린네 |Carl von Linne |1707~1778|를 말한다. 그는 1753년 5월 1일《식물의 종 |species plantarum|》이라는 책을 출판했고, 오늘날 모든 식물학의 분류는 이 책에서 제안한 '이명법二名法 |binomial nomanclature|'을 따르고 있다.

린네는 차나무의 이름을 '*Thea sinensis*'라고 지었는데, 여기서 '*Thea*'는 중국의 '차' 음이 유럽 쪽에 전파되어 만들어진 학술어이며, '*sinensis*'는 중국 지명을 뜻한다.

이후《식물속의 재검토植物屬再檢討 |Revisio Generum Plantarum, 1891|》의 저자이며 독일 식물학자인 '오토 칼 에른스트 쿤츠 |Otto Carl Ernst Kuntze |1843~1907|'가 린네가 명명한 '*Thea*'를 차꽃을 지칭하는 '*Camellia*'로 바꾸면서 차의 학명이 '*Thea sinensis*'에서 '*Camellia sinensis*'로 바뀌게 되었다.

'종種 |Species|'이란 같은 조상을 가진 동일한 종류의 식물을 말한다. 따라서 기본적으로 같은 형태의 구조와 세포유전학·생태학·생리학·생물화학 등 여러 방면에서 동일한 특징을 가진다. 일반적으로 우리가 말하는 사과·배·고추·마늘·무궁화·개나리·해바라기 등이 모두 식물의 종명이다.

종명은 크게 지방명地方名 |local name|과 학명學名 |scientific name|으로 나뉜다. 지방명은 보통명普通名 |common name| 이라고

도 하며 지역에 따라 다르게 부를 수 있다. 그러나 학명은 학술적으로 통일된 식물명으로서 세계 공통의 식물종명이므로 개별적으로 달리 부를 수가 없다.

한편 종을 하위 단계로 세분하면, 종 내에서 특징이 약간 다른 것들을 묶어 아종亞種 |subspecies, ssp.|, 변종變種 |variety, var.|, 품종品種 |forma, for.|으로 분류하여 종소명 뒤에 표시하기도 하는데, 이 분류법을 '삼명법三名法'이라 한다.

이 가운데 '아종'이란 동일종이지만 주로 지역적으로 일정한 차이가 나타나는 종의 집단을 말하며, '변종'은 자연 돌연변이에 의해 생긴 종으로 2~3개의 형질이 다르고 지리적 분포도 다소 다른 것을 말한다. 그리고 '품종'은 자연분류가 아닌 인류가 선택한 식물을 인위적으로 개량한 종을 말한다.

오늘날 차나무 분류학에서 변종만 있고 아종이 없는 것 '종' 이하의 변종과 형질에 대한 연구가 아직도 명쾌하지 않기 때문이다.

칼 폰 린네는 스웨덴의 식물학자로서 생물 분류학의 기초를 확립하는데 결정적인 기여를 하여 현대 '식물학의 시조'로 불린다.

그는 저서 『식물의 종種』에서 약 4,000종의 동물, 5,000종의 식물을 다루었다.

린네는 동물계 · 식물계 · 광물계의 세 가지 계와 그에 속한 강 · 목 · 속 · 종 · 변종등의 분류를 도입했다.

린네의 초상화로 제작된 스웨덴 100 크로나 지폐.

식물명명규약의 학명

식물명명규약에서 학명은 주로 라틴어나 라틴어화된 단어로 명명하는데, 각기 나름의 어원을 지닌다. 차의 학명을 보면, 'Camellia sinensis (L.). O. Kuntze'에서 차종인 '*Camellia sinensis*'는 반드시 이탤릭체 | *Italic* | 로 표기하거나 밑줄을 그어야 하며, 속명과 명명자의 첫 글자는 대문자, 종소명의 첫 글자는 소문자로 시작해야 하는 규정을 따른다.

차의 속명屬名인 'Camellia'는 첫 글자를 대문자 'C'로, 종소명種小名인 'sinensis'는 첫 글자를 소문자 's'로 쓴 것이 이 강제 규정을 따르는 것이다.

속명屬名 |generic name|과 종소명種小名 |specific epithets|이란 스웨덴 식물 분류학자 린네가 제안한 이명법二名法에 따른 식물의 분류 단위이며, 종명의 끝에는 명명자의 이름을 대개 약명으로 넣는다. 이 이명법에 따라 '*Thea sinensis*(데아 시넨시스)' 학명을 지은 린네(Linne)와 '*Thea*(데아)'를 '*Camellia*(카멜리아)'로 바꾼 오토 쿤츠(Otto Kuntze)의 이름을 '*Camellia sinensis*' 뒤에 붙여 차의 학명이 '*Camellia sinensis* (L.) O. Kuntze'로 된 것이다. 여기서 (L.)와 O. Kuntze(린네, 오토 쿤츠)의 이름은 명명자의 규정에 따라 첫 글자를 대문자로 써야 한다.

종명의 표시법에서 변종이 있을 경우 종소명 뒤에 'var.(바)', 또는 약자 'v.'를 쓰고, 품종은 'for.(퍼마)', 또는 약자 'f.'를 쓰고 품종명을 기재한다. 그리고 재배품종이 있을 경우 'cv.'를 쓰고 재배품종명을 기재한다. 'cv.'는 'cultivar(컬티바)'의 약자다.

차의 학명 중 중국 '고로종皐蘆種'을 '*Camellia sinensis*(카멜리아 시넨시스) var.(바) *sinensis* f. *macrophylla*(시넨시스 퍼마 마크로필라)'라고 한다. 이 중 '*Camellia sinensis*(카멜리아 시넨시스)'는 '차종', 'var. *sinensis*(바 시넨시스)'는 '변종', 'f. *macrophylla*(퍼마 마크로필라)'는 품종인 '고로종'을 뜻한다. 그리고 동백나무속인 '*Camellia sinensis*'의 약자는 '*C.*'로 표시하며, 차종인 '*C. sinensis*'는 일반적으로 '차'를 지칭한다.

차 학문에서는 다음과 같이 차를 정의한다. "그해 차나무의 새 가지新梢|new shoot|에서 올라온 새싹과 잎사귀를 원료로 삼아 다양한 과정을 거쳐 만들어낸 건물질乾物質을 '차|tea|'라 한다".

차는 차나무의 새싹과 여린 잎을 원료로 만든다.

차나무에서 채취한 생엽은 가공과정을 거침으로써 상품성을 지니게 된다. 같은 찻잎일지라도 가공방법에 따라 다양한 차를 만들 수 있다.

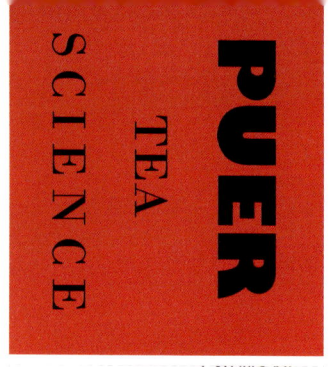

국제식물명명규약

국제식물명명규약에 따르면 학명은 라틴어로 표시한다. 그리고 가장 먼저 발표된 정명定名의 우선권을 인정하고 이를 따르는 것을 원칙으로 한다. 근세기에 보이차普洱茶가 각광을 받자 중국에서는 원시 형태 구조의 차나무인 운남 대엽종을 '보이종普洱種'이라 명명하여 사용했다.

그러나 중국 이외의 국제회의에서 이 찻잎의 정식 학명은 보이종이 아닌 인도 대엽종인 이른바 '*Camellia sinensis* var. *assamica*' 즉 아샘종으로 되어 있다. 이러한 원인은 <국제식물명명규약의 발표 정명 우선권>이라는 조항 때문이다.

1884년 영국인 마스터 |J. W. Masters|는 극동 지역의 대엽종 |중국에서는 보이종으로 보고 있다| 차나무를 인도 아샘 지역에 옮겨 심은 후 이를 '*Thea assamica*'로 이름을 지었다. 이후 일본 식물학자인 기타무라 |北村四郞|는 이 차나무를 '*Camellia sinensis* (L.). var. *assamica* (Masters) Kitamura'로 명명했다.

1958년 영국의 식물학자 실리 |S. R. Sealy|는 《차나무 속의 개정 |A revision of genus Camellia|》에서 차나무를 '*Camellia sinensis* var. *sinensis*'라는 소엽종과 '*Camellia sinensis* var. *assamica*'라는 아샘종으로 둘로 나누어 정리했는데, 오늘날 차 학명의 분류는 이 방법을 따르고 있다.

이 논거로 중국에서 주장하는 '보이종'은 <국제식물명명규약의 발표 정명 우선권>의 조항에 따라 국제회의에서 인정되지 않고, 인도 대엽종인 '*Camellia sinensis* var. *assamica*' 아샘종으로 표시해야 한다.

차의 품종

학명에서 **식물의 품종**品種 |forma| **이란** 반드시 인위적인 개입을 통해 순화馴化 |acclimation|된 것을 뜻한다. 식물이 다른 지역으로 옮겨진 경우에 그 기후 조건에 적응하거나, 또는 동일 지역에서의 기후조건 변동에 점차 적응·익숙해지는 과정을 거쳐야 하며, 오랫동안 재배·이용된 후에야 점차적으로 하나의 품종으로 탄생된다.

이렇게 품종이 재배나 생산 방면에서 가장 중요한 이유는 경제적 가치의 창출 때문이다. 따라서 고유한 형질이 다음 세대에게 전해지는 유전자는 반드시 안정적이어야 한다.

차나무의 품종도 이와 같이 인류가 차나무를 선택하여 인위적으로 개량하여 오랫동안 재배하면서 만들어진 산물이다. 우리가 흔히 말하는 야생차나무 |wild type tea plant|는 인간이 개량하기 이전 상태에 해당되는 식물인 '야생종野生種'이므로 품종과의 개념이 다르다.

운남 대지차의 90% 이상은 품종 또는 군체종이며, 1960년대 당시 유행하고 있는 홍차에서 개발된 신품종이다. 이 가운데 맹고대엽차勐庫大葉茶·맹해대엽차勐海大葉茶·봉경대엽차鳳慶大葉茶·운항10호雲抗10號·운항14호雲抗14號 등이 대표적인 중국 국가품종이며, 운괴雲瑰·왜풍矮豊·경곡대백차景穀大白茶·방동대엽차邦東大葉茶·빙도장엽차冰島長葉茶·이무대엽차易武大葉茶 등이 대표적인 운남 지방품종이다.

야생차나무의 형태

중국 운남성에서 보인 다양한 야생차나무는 대체로 3가지 형태로 되어 있다. 하나는 차나무의 조상이라 일컫는 몇천 년 생의 원시형 야생차나무 |primitive type tea plant|, 하나는 오래전 사람들에 의해 재배된 재배형 야생차나무 |cultural type tea plant|, 하나는 원시형과 재배형의 특징을 모두 지닌 과도형 야생차나무 |transitive type tea plant|다.

학문적으로 야생차나무는 원시형 야생차나무만을 가리키고 있으나, 시장의 상업논리에 따라 이 차나무들을 모두 고차수古茶樹 | ancient tea plant | 또는 '야생차나무'라 부른다.

야생차나무의 서식 형태를 보면, 재배형 야생차나무는 인위적인 방법으로 재배했기 때문에 모두 군락 형태로 집단 서식하는 반면, 원시형 야생차나무는 원시 형태의 특징을 가진 하나의 독립된 개체로 서식하고 있는 것이 다르다. 과도형 야생차나무는 재배형 야생차나무의 영양기관營養器官인 가지·잎·싹 등 특징을 가지면서 원시형 야생차나무의 생식기관生殖器官인 꽃·종자 등 형태를 모두 지닌다. 한편 원시형의 야생차나무는 사람의 손에 개량되지 않아 일부의 싹과 잎에 독성이 있어 식용하기에는 적합하지 않다.

차나무가 하나의 품종으로 탄생하기 이전에는 대부분 군락 상태로 존재한다. 식물학적 지위에서 종은 품종보다 상위적 개념이기 때문에 이러한 차나무들을 품종이 아닌 종의 개념인 '군체종群體種'으로 보아야 한다.

한편 일부 학자들은 군체종에 대해 다른 의견을 제시하는데, 이들은 차나무에 수많은 유형이 혼재되어 있고 개체간의 유전성遺傳性이 일치하지 않는 복잡한 형질을 지녔으므로 이를 '군체품종群體品種'으로 봐야 옳다고 주장하기도 한다.

원시형 야생차나무는 원시 형태의 특징을 가진 하나의 독립된 개체로 서식하고 있으며, 사람의 손에 개량되지 않아 일부의 싹과 잎에 독성이 있어 식용하기에는 적합하지 않다.

과도형 야생차나무는 재배형 야생차나무의 영양기관인 가지·잎·싹 등 특징을 가지면서 원시형 야생차나무의 생식기관인 꽃·종자 등 형태를 모두 지닌다.

방외邦崴 | 방웨이 | '과도형천년고차수過渡型千年古茶樹'는 중국기념우표 '차茶'에서 육우동상陸羽銅像·당나라의 유금은차연鎏金銀茶碾·명나라 문징면文徵明의 혜산차회도 惠山茶會圖와 함께 세트로 발행되었다.

재배형 야생차나무는 인위적인 방법으로 재배했기 때문에 모두 군락 형태로 집단 서식하고 있다.

중국표준 약식기호
DB/T, GB/T, Q/T PCX,
QS, SC

중국표준 약식기호 가운데 'DB'는 중국 로마 표기법 한어漢語 병음拼音에서 'D'는 '지地'자의 'Di', 'B'는 '표標'자의 'Biao', 즉 '지방표준地方標準'을 말한다. 지방표준은 'DB ××'로 시작하는데 그중 '××'는 2자리 숫자로서 '성省'을 나타내는 기호다. 일례로 2006년 운남성에서 반포한 운남성보이차지방표준 'DB 53/103-2006'에서 'DB'는 지방표준 '53'은 운남성의 약식 기호다.

'GB/T'란, 중국 로마 표기법 한어 병음에서 'G'는 '국國' 자의 'Guo', 'B'는 '표標'자의 'Biao', 'T'는 '추推'자의 'Tui'의 첫 글자이며, 즉 '국가표준國家標準/추천推薦'의 뜻을 담고 있다. '추천'이란 "이 시행령의 내용은 유관단체로부터 추천을 받아 심사를 거쳐 국가가 제정한 것이며, 공표 즉시 법률적으로 강제성을 띠며, 이를 위반시 법의 행정처분을 받는다"의 뜻이다. 다시 말해 GB로 명시된 표준은 강제표준이므로 이에 부합하지 않는 제품의 생산, 판매, 수입은 모두 금지한다는 의미다. 지방표준에서의 'T'도 같은 개념을 가진다.

'Q/T'는 기업표준을 뜻하며, 중국 로마 표기법 한어 병음에서 'Q'는 '기企'자의 'Qi', 'T'는 '추推'자의 'Tui의 첫 글자이며, 즉 '기업표준企業標準/추천推薦'의 뜻을 담고 있다. 'PCX'의 'P'는 '보普'자의 'Pu', 'C'는 '차茶'자의 'Cha', 'X'는 'X協'자의 'Xie'의 첫 글자이며, 즉 '보이시차엽협회普洱市茶葉協會' 주관 아래 제정된 기업표준의 조례라는 뜻이다.

QS는 식품 품질 표준인 'Quality Standard'의 영문 약자로 QS 로고가 달린 제품은 국가의 승인을 받은 모든 식품 생산업체가 강제적인 검사를 거쳐 합격해야 한다. 식품 포장에 식품 생산 허가증 번호를 표시하고 식품 품질 안전 'QS'로고를 인쇄해야 출하 판매할 수 있다.

보이차 QS 인증은 2006년에 시작되었으며, 2006년 이후에 생산된 차는 모두 QS 로고와 생산 날짜를 볼 수 있다. 한편 2015년 10월 1일부터 새로운 SC 제도가 시행되자 QS 인증 제도는 자동 폐기되었다.

'SC'는 '생산生産'의 중국 로마 표기법 한어 병음에서 'Sheng Chan'의 첫 글자이며, '식품생산허가증食品生産許可證'의 약어略語다. 2015년 10월 1일부터 새롭게 시행된 SC 허가증은 이전의 'QS 12자리의 숫자'에서 'SC 14자리 숫자'로 변경되었다. 14자리 숫자에서 첫 3자리는 식품종류의 코드, 2자리는 성省(자치구自治區, 직할시直轄市)의 코드, 2자리는 시市(지구地區)의 코드, 2자리는 현縣(구區)의 코드, 4자리는 순서順序코드, 마지막 1자리는 검증 코드를 가리킨다.

이 시행령에서는 다음과 같이 명시하고 있다. SC 허가증 시행한 후에는 QS 마크를 표기하지 않아도 된다. SC 허가증에는 마크가 없으며, 포장지에 생산허가증 번호가 찍혀있게 된다. 다만 일부 기업에서 이미 제작된 QS 마크가 표기된 포장지는 2018년 9월 31일까지 사용할 수 있도록 유예한다.

旧版标识　　　新版标识

產品名稱: 百年古寨
配料: 雲南易武大葉種晒靑毛茶
淨含量: 357克
食品生產許可證編號: SC11453282308738
產品執行標準: GB/T 22111
存儲條件: 淸潔, 通風, 乾燥, 無異味, 無污染的環
保質期: 在符合存儲條件下適宜長期保存
產地: 中國 雲南省 西雙版納州 易武鎭

보이차 'QS' 인증 마크는 2006년에 시작되었으며, 2015년 10월 1일부터 새로운 SC 제도가 시행되자 QS 인증 제도는 폐기되었다.

'SC'는 식품생산허가증食品生産許可證의 약어略語이며, 포장지에는 생산허가증 14자리 숫자 번호가 적혀있고, 마크는 표시하지 않는다.

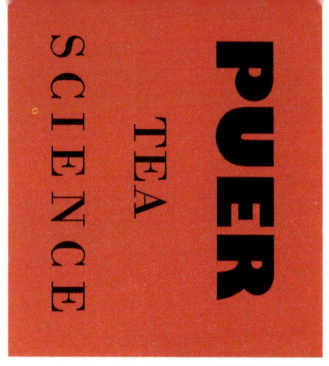

보이차 2003 운남지방표준
DB 53/T 102-2003

운남성 정부는 2003년 1월 26일 중화인민공화국 표준화법標準化法 조례에 의거 <보이차지방표준普洱茶地方標準> 'DB 53/T 102-2003'을 제정 공표하였다.

이 책에서 '보이차 정의'의 이해를 돕고자 2003년 운남성지방 표준에 관련된 3항만을 소개한다.

3: 술어術語와 정의定義

다음의 술어와 정의는 본 표준에 적용된다.
下列術語和定義是用於本標準.

보이차란 운남성 일정지역 내에 운남대엽종 쇄청모차를 원료로, 후발효 가공해서 만든 산차와 긴압차를 말한다. 외형의 색택은 홍갈색이며, 내질의 수색은 붉고 진하며 투명하면서 밝다. 향기는 독특한 묵힌 향인 진향에, 두터운 느낌의 단맛 나고, 우린 잎은 홍갈색을 띤다.
普洱茶是以雲南省一定區域內的雲南大葉種曬青毛茶爲原料, 經過後發酵加工成的散茶和緊壓茶. 其外形色澤褐紅, 內質湯色紅濃明亮, 香氣獨特陳香, 滋味醇厚回甘, 葉底褐紅.

이 조례의 핵심은 인공쾌속발효갈변차만이 보이차라는 것이 운남성 정부의 공식 입장이다.

普洱茶标准

（云南省地方标准）

前言

普洱茶是云南深传统的特色历史名茶,生产工艺及产品特征具有特殊性。由于普洱茶没有相应的国家标准、行业标准,根据《中华人民共和国标准化法》及其实施条例,制定普洱茶地方标准,作为普洱茶生产、检验、贸易、仲裁的依据。

本标准由云南省茶业协会提出。

本标准由云南省质量技术监督局归口。

本标准起草单位:云南省茶业协会、云南茶苑集团股份有限公司、下关茶场沱茶(集团)股份有限公司、勐海茶厂、云南海湾茶业有限公司、云南六大茶山茶业有限公司、昆明台联商贸有限公司、昆明台联商贸(茶叶)公司、思茅古普洱茶业有限公司。

本标准主要起草人：王星银、张勤民、苏芳华、王霞。

DB53
云南省地方标准
DB53/T 102-2003
普洱茶
2003-01-26 发布　　2003-03-01 实施
云南省质量技术监督局 发布

普洱茶

1、范围

本标准规定了普洱茶的术语和定义、产品类型、等级、要求、实验方法、检验规则及标志、包装、运输和贮存。

本标准适用于普洱茶的散茶和紧压茶。

2、规范性引用文件

下列文件中的条款通过本标准的引用而为本标准的条款。凡是注日期的引用文件,其随后所有的修改单(不包括勘误的内容)或修订版均不适用于本标准,然而,鼓励根据本标准达成协议的各方研究是否可使用这些文件的最新版本。

GB/191-2000　包装储运图示标志
GB/T5009.57-1996　茶叶卫生标准的分析方法
GB7718-1994　食品标签通用标准
GB/T8302-1987　茶取样
GB/T8303-1987　茶磨碎式样的制备及干物质含量测定
GB/T8304-1987　茶　水分测定
GB/T8305-1987　茶　水浸出物测定
GB/T8306-1987　茶　总灰分测定
GB/T8310-1987　茶　粗纤维测定
GB/T8311-1987　茶　粉末和碎茶含量测定
SB/T10036-1992　紧压茶运输包装通用技术条件
SB/T10157-1992　茶叶感官审评方法

3、术语和定义

下列术语和定义是用于本标准。

普洱茶是以云南省一定区域内的云南大叶种晒青毛茶为原料,经过后发酵加工成的散茶和紧压茶。其外形色泽褐红,内质汤色红浓明亮,香气独特陈香,滋味醇厚回甘,叶底褐红。

4、类型与等级

普洱茶是以云南省一定区域内的云南大叶种晒青毛茶为原料,经过后发酵加工成的散茶和紧压茶。其外形色泽褐红,内质汤色红浓明亮,香气独特陈香,滋味醇厚回甘,叶底褐红。

2003년 운남 보이차 지방조례의 핵심은 '인공쾌속발효갈변차'만이 보이차라는 것이 운남성 정부의 공식 입장이다.

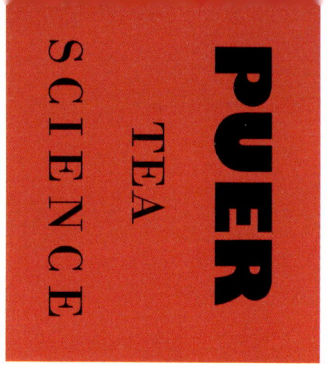

보이차 2006 운남지방표준
DB 53/103-2006

2006년 운남성 정부에서는 보이차 시장 혼란을 해소하기 위해 지방 조례를 다시 만들어 생차도 보이차로 인정했다. 2006 운남성지방표준 'DB 53/103-2006'은 2003년에 제정된 운남성지방표준 'DB 53/T 102-2003'을 대체한 표준이다.

이 책에서 '보이차 정의'의 이해를 돕고자 2006년 운남성지방 표준에 관련된 3항·4항만을 소개한다.

3: 술어術語와 정의定義
다음의 술어와 정의는 본 표준에 적용된다.
下列術語和定義適用於本標準.

3-1 보이차普洱茶
운남 특유의 지리표시地理標識 산품이며, 보이차 산지환경 조건에 부합한 운남대엽종 쇄청차를 원료로 특정 가공공정에 따라 만든 것으로, 독특한 품질 특징을 지닌 차다. 보이차는 보이차(생차)와 보이차(숙차) 두 가지 종류로 나뉜다.
雲南特有的地理標誌産品, 以符合普洱茶産地環境條件的雲南大葉種曬青茶爲原料, 按特定的加工工藝生産, 具有獨特品質特徵的茶葉. 普洱茶分爲普洱茶(生茶)和普洱茶(熟茶)兩大類型.

3-2 보이차普洱茶 생차生茶
보이차 산지의 지리환경에 부합한 지역에서 생산된 운남대엽종 생엽을 원료로 살청, 유념, 일광건조, 수증기로 압제하는 증압蒸壓 공정을 거쳐 만든 긴압차를 말한다. 품질특징을 보면 외형의 색택은 묵록색, 지속적인 맑은 향기, 두터운 느낌의 단맛, 수색은 투명한 녹황색, 우린 잎은 두툼한 황록색을 띤다.

是以符合普洱茶產地環境條件下生長的雲南大葉種茶樹鮮葉
爲原料, 經殺青·揉捻·日光乾燥·蒸壓成型等工藝製成的緊
壓茶. 其品質特徵爲 : 外形色澤墨綠·香氣淸純持久·滋味濃
厚回甘·湯色綠黃淸亮, 葉底肥厚黃綠.

3-3 보이차普洱茶 숙차熟茶

보이차 산지의 지리환경에 부합한 지역에서 생산된 운남대
엽종 쇄청차를 원료로, 특정 공정을 따라, 후발효(쾌속후발효
快速後發酵 또는 완만후발효緩慢後發酵) 공정을 거쳐 만든 산차
散茶와 긴압차를 말한다. 품질특징을 보면 외형의 색택은 홍갈
색이며, 내질의 수색은 붉고 진하며 투명하면서 밝다. 향기는 독
특한 묵힌 향인 진향에, 두터운 느낌의 단맛 나고, 우린 잎은 홍
갈색을 띤다.

是以符合普洱茶產地環境條件的雲南大葉種曬青茶爲原料,
採用特定工藝·經後發酵(快速後發酵或緩慢後發酵)加工形成
的散茶和緊壓茶. 其品質特徵爲 : 外形色澤紅褐, 內質湯色紅濃
明亮, 香氣獨特陳香, 滋味醇厚回甘, 葉底紅褐.

4-유형類型과 등급等級

보이차는 가공공정 및 품질특징에 따라 보이차(생차)와 보
이차(숙차) 두 가지 종류로 나뉘며, 외관형태에 따라 보이산
차와 보이긴압차를 나뉜다.

普洱茶按加工工藝及品質特徵分爲普洱茶(生茶)·普洱茶

(熟茶)兩種類型. 按外觀形態分普洱散茶·普洱緊壓茶.

4-1 보이산차普洱散茶

보이산차는 품질 특징에 따라 특급, 1급부터 10급 등 모두 11 등급으로 나뉜다.

普洱散茶按品質特徵分爲特級·一級至十級共十一個等級.

4-2 보이긴압차普洱緊壓茶

보이긴압차는 등급으로 나뉘지 않으며, 외형에 따라 둥근 떡차 모양인 원병형圓餅形, 사발 종기 모양인 완구형碗臼形, 네모 모양인 방형方形, 기둥 모양의 주형柱形 등 다양한 형태와 규격이 있다.

普洱緊壓茶不分等級, 外形有圓餅形·碗臼形·方形·柱形等多種形狀和規格.

云南省地方标准——普洱茶

DB53/103-2006
代替 DB53/T171-173-2006
云南省质量技术监督局 2006-07-01 发布 2006-10-01 实施
中华人民共和国国家质量监督检验检疫总局备案号：19118-2006

普洱茶

前言

本标准 3.1、3.2、3.3、5.1、5.3、5.4、5.5、8.1、8.2.1、8.2.2 条为强制性条款，其余为推荐性条款。

普洱茶是云南传统的特色历史名茶，是典型的地理标志产品。本标准规定了普洱茶产品的划分、定义、品质要求、试验方法、检验规则及标志、包装、运输、贮存。

本标准代替 DB53/T 103-2003《普洱茶》。（以下略）

普洱茶

1 范围

本标准规定了普洱茶产品的术语和定义、类型与等级、品质要求、试验方法、检验规则及标志、包装、运输和贮存。

本标准适用于普洱茶。

2 规范性引用文件（略）

3 术语和定义

下列术语和定义适用于本标准。

3.1 普洱茶

是云南特有的地理标志产品，以符合普洱茶产地环境条件的云南大叶种晒青茶为原料，按特定的加工工艺生产，具有独特品质特征的茶叶。普洱茶分为普洱茶（生茶）和普洱茶（熟茶）两大类型。

3.2 普洱茶（生茶）

是以符合普洱茶产地环境条件下生长的云南大叶种茶树鲜叶为原料，经杀青、揉捻、日光干燥、蒸压成型等工艺制成的紧压茶。其品质特征为：外形色泽墨绿、香气清纯持久、滋味浓厚回甘、汤色绿黄清亮、叶底肥厚黄绿。

3.3 普洱茶（熟茶）

是以符合普洱茶产地环境条件的云南大叶种晒青茶为原料，采用特定工艺、经后发酵（快速后发酵或缓慢后发酵）加工形成的散茶和紧压茶。其品质特征为：外形色泽红褐，内质汤色红浓明亮，香气独特陈香，滋味醇厚甘甜，叶底红褐。

4 类型与等级

4.1 普洱茶按加工工艺及品质特征分为普洱茶（生茶）、普洱茶（熟茶）两种类型，按外观形态分普洱散茶、普洱紧压茶。

4.1.1 普洱散茶按品质特征分为特级、一级至十级共十一个等级。

4.1.2 普洱紧压茶不分等级，外形有圆饼形、碗臼形、方形、柱形等多种形状和规格。

4.2 实物标准样

4.2.1 普洱散茶

普洱散茶根据各级别的品质要求，逐单制作实物标准样，每三年更换一次，各级标准样为该级别品质的最低界限。

4.2.2 普洱紧压茶

普洱紧压茶不做实物标准样，由企业按工艺要求进行生产留存。

5 品质要求

5.1 基本要求

5.1.1 品质正常、无劣变、无异味。

5.1.2 普洱茶必须洁净，不含非茶类夹杂物。

5.1.3 普洱茶不得着色，不得人为添加任何非茶自身的物质。

5.2 感官品质

5.2.1 普洱散茶

普洱茶（熟茶）中的散茶，其感官品质特征见表1，审评方法见附录A。

5.2.2 普洱紧压茶

普洱茶（熟茶）中的紧压茶，其外形整齐、端正、匀称、各部分厚薄均匀、松紧适度，不起层掉面。分洒面、包心的茶，包心不外露。审评方法见附录A。

普洱茶（生茶）：外形匀称端正、压制松紧适度、不起脱面；内质香气纯正、滋味浓厚、汤色明亮、叶底匀整。

表1 普洱茶（熟茶）——散茶感官品质特征

品名	外形				内质			
	条索	整碎	色泽	净度	香气	滋味	汤色	叶底
特级	紧细	匀整	褐润显毫	匀净	陈香浓郁	浓醇甘爽	红艳明亮	红褐柔嫩
一级	紧结	匀整	褐润较显毫	匀净	陈香显露	浓醇回甘	红浓明亮	红褐较嫩
三级	紧结	匀整	褐润尚显毫	匀净带嫩梗	陈香浓纯	醇厚回甘	红浓尚亮	红褐尚嫩
五级	肥硕	尚匀齐	红褐尚润	欠匀带嫩梗	陈香纯正	醇厚回甘	深红尚浓	红褐欠嫩
七级	粗壮	尚匀齐	红褐欠润	欠匀带梗	陈香纯正	醇和回甘	褐红尚浓	红褐稍粗
九级	粗松	欠匀齐	红褐稍花	欠匀带梗团	陈香平和	醇正尚甘	褐红欠浓	红褐粗松

3.1 普洱茶

是云南特有的地理标志产品，以符合普洱茶产地环境条件的云南大叶种晒青茶为原料，按特定的加工工艺生产，具有独特品质特征的茶叶。普洱茶分为普洱茶(生茶)和普洱茶(熟茶)两大类型。

3.2 普洱茶(生茶)

是以符合普洱茶产地环境条件下生长的云南大叶种茶树鲜叶为原料，经杀青、揉捻、日光干燥、蒸压成型等工艺制成的紧压茶。其品质特征为：外形色泽墨绿、香气清纯持久、滋味浓厚回甘、汤色绿黄清亮，叶底肥厚黄绿。

3.3 普洱茶(熟茶)

是以符合普洱茶产地环境条件的云南大叶种晒青茶为原料，采用特定工艺、经后发酵(快速后发酵或缓慢后发酵)加工形成的散茶和紧压茶。其品质特征为：外形色泽红褐，内质汤色红浓明亮，香气独特陈香，滋味醇厚回甘，叶底红褐。

2006년 운남 보이차 지방조례는 2003년 운남 보이차 지방조례에서 언급하지 않았던 '생차'를 시장의 수요에 따라 처음으로 인정하였다. 이와 더불어 그 동안 줄기차게 주장했던 '인공쾌속발효갈변차'만이 보이차라는 입장에서 진일보적으로 '자연완만갈변차'도 보이차라는 신개념으로 후발효의 정의를 정립했다.

2006년 운남 보이차 지방조례는 2년후 2008년 제정된 운남 보이차 국가조례의 기초가 되어 보이차의 정의를 국가적 차원으로 새롭게 정립했다.

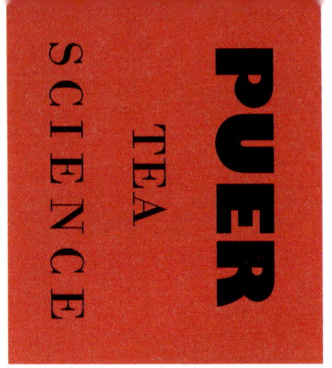

보이차 2007 운남지방정부
보이시普洱市 차엽기업표준 茶
葉企業標準 Q/T PCX 02-2007

2007년 운남성 지방정부 보이시普洱市에서 보이차 시장 혼란을 해소하기 위해 보이시차엽협회普洱市茶葉協會 주관 아래 최초로 기업표준 조례를 만들었다. <보이시차엽기업표준普洱市茶葉企業標準> 'Q/T PCX 02-2007' 조례에서는 2006 운남성지방표준 'DB 53/ 103-2006'에서 개정된 '후발효後發酵'의 정의에 대한 내용을 구체적으로 설명했다.

이 책에서 '보이차 정의'의 이해를 돕고자 2007년 〈보이시차엽 기업표준普洱市茶葉企業標準〉 'Q/T PCX 02-2007' '가공기술규정加 工技術規程'의 조례에서 관련된 3항만을 소개한다.

3: 술어術語와 정의定義

다음의 술어와 정의는 본 표준에 적용된다.
下列術語和定義是用於本標準.

3-1 보이차원료普洱茶原料
운남대엽종 차나무의 선엽으로 살청殺靑, 유념揉捻, 일광건조日光乾燥해서 만든 '쇄청차曬靑茶'.
用雲南大葉種茶樹鮮葉經殺靑·揉捻·日光乾燥而成的曬靑茶.

3-2 보이차普洱茶
운남 특유의 지리적 표시 제품으로 보이차 생산지 환경 조건에 부합되는 운남 대엽종 쇄청차를 원료로 특정한 가공 공법을 통해 독특한 품질 특징을 지닌 차다. 보이차는 가공 공법에 따라 '쇄청차曬靑茶'와 '보이숙차普洱熟茶' 두 종류로 나누며, 쇄청차와 숙차는 또한 가공 형태에 따라 '산차散茶'와 '긴압차緊壓茶' 두 종류로 나뉜다.
是雲南特有的地理標誌産品, 以符合普洱茶産地環境條件的雲南大葉種曬青茶爲原料, 經特定的加工工藝生產, 具有獨特品質特徵的茶葉. 普洱茶按其加工工藝的不同分爲曬青茶和普洱熟茶兩大類: 曬青茶和熟茶按其加工形狀的不同又可分爲散茶和緊壓茶兩大類.

3-3 보이차쇄청차普洱茶曬青茶

전통보이차라고도 하며 속칭 '생차生茶'라고 한다. 보이차 생산지 환경 조건에 부합되어 생산된 운남대엽종 쇄청차를 가리킨다. 쇄청산차를 증압 성형 등 공법으로 만든 것을 '긴압차緊壓茶'라고 한다. 쇄청차는 전통에 따라 역사적으로 자연저장 조건에서 완만후발효가 되어 묵을수록 향기로운 특징을 가지기 때문에 '전통보이차傳統普洱茶'라고도 부른다. 20세기 70년대 중반에 이르러 인공발효된 보이숙차가 출시된 후에 소비자들은 쇄청차를 '생차生茶'라고 불러 숙차와 구별하였다. 쇄청차의 품질 특징은 외형 색택이 황록색이나 묵록색을 띠며, 향기가 맑고 지속적이며, 수색은 황록색이고 밝으며, 맛이 진하고 두툼하고 감칠맛이 나며, 우린 잎이 두텁고 황록색을 띤다.

又名傳統普洱茶俗稱生茶, 是指符合普洱茶產地環境條件生產的雲南大葉種曬青茶. 曬青散茶經蒸壓成型等工藝製成的叫緊壓茶. 曬青茶因其傳統歷史上在自然存放條件下緩慢後發酵, 並具越陳越香的特點, 故被稱之爲傳統普洱茶. 20世紀70年代中期人工醱酵的普洱熟茶面世推廣之後, 消費者又將曬青茶稱之爲生茶, 以和熟茶相區別. 曬青茶的品質特徵爲: 外形

色澤黃綠或墨綠, 香氣淸純持久, 湯色黃綠明亮, 滋味濃厚回
甘, 葉底肥厚黃綠.

3-4 보이차숙차普洱茶熟茶

보이차 생산지 환경 조건에 부합되는 운남대엽종 쇄청차를
원료로 하고 특정 공법으로 인공 악퇴渥堆 쾌속후발효快速後發
酵를 거쳐 만든 '산차散茶'와 '긴압차緊壓茶'다. 품질특징을 보
면 외형의 색택은 홍갈색이며, 내질의 수색은 붉고 진하며 투명
하면서 밝다. 향기는 독특한 묵힌 향인 진향에, 두터운 느낌의
단맛 나고, 우린 잎은 홍갈색을 띤다.

是以符合普洱茶産地環境條件的雲南大葉種曬青茶爲原料,
採用特定工藝, 經人工渥堆快速後發酵加工形成的散茶和緊壓
茶. 其品質特徵爲: 外形色澤紅褐, 內質湯色紅濃明亮, 香氣
獨特陳香, 滋味醇厚回甘, 葉底紅褐.

3-5 후발효後發酵

운남대엽종 쇄청차를 특정한 환경 조건에서 미생물, 효소ㅣ
酶ㅣ와 습열 등 종합적인 작용을 거쳐 그 속에 함유된 물질들이
일련의 전환을 일으켜 보이차(숙차)만의 독특한 품질 특징을
형성하는 과정이다. 후발효는 '완만후발효緩慢後發酵'와 '쾌속
후발효快速後發酵'를 포함한다.

雲南大葉種曬青茶在特定的環境條件下, 經微生物·酶和濕
熱等綜合作用, 其內含物質發生一系列轉化, 形成普洱茶(熟

茶)獨有品質特徵的過程. 後發酵包括緩慢後發酵和快速後發酵.

3-6 완만후발효緩慢後發酵

완만후발효는 '자연후발효自然後發酵'라고도 한다. 이는 운남대엽종 쇄청산차와 긴압차가 특정한 자연환경 조건에서 미생물, 효소|酶|와 습열 등 종합적인 작용으로 비교적 긴 시간을 거쳐 '숙차熟茶'가 되는 독특한 품질 특징을 형성하는 과정을 말한다.

緩慢後發酵亦稱自然後發酵, 是指雲南大葉種曬青散茶和緊壓茶在特定的自然環境條件下, 經微生物・酶和濕熱等綜合作用, 在較長時間內形成熟茶獨有品質特徵的過程.

3-7 쾌속후발효快速後發酵

쾌속후발효는 '인공후발효人工後發酵'라고도 한다. 이는 운남대엽종 쇄청차가 보이차 생산지 특유의 환경 조건에서 인공적으로 온도와 습도를 제어하여 미생물, 효소|酶|와 습열 등 종합적인 작용의 반응을 가속화시켜 비교적 짧은 시간에 '숙차熟茶'의 품질 특징을 형성하는 과정을 말한다.

快速後發酵亦稱人工後發酵, 是指雲南大葉種曬青茶在普洱茶產地特有的環境條件下, 通過人工控制・溫度和濕度加快微生物・酶和濕熱等綜合作用的反應, 在較短時間內形成熟茶獨有品質特徵的過程.

备案号:普洱 Q066—2007

Q/T PCX
普 洱 市 茶 叶 企 业 标 准

Q/T PCX02-2007

普洱茶加工技术规程

普洱市质量技术监督局
企业标准备案专用章
备案编号:普洱 Q066—2007
备案时间:2007 年 4 月 9 日
本标准有效期叁年,至 2010 年 4 月 9 日

2007-04-09 发布　　　　　　　　　　　　2007-04-10 实施

普洱市茶叶协会　发布

3.5 后发酵

云南大叶种晒青茶在特定环境条件下,经微生物、酶和湿热等综合作用,其内含物质发生一系[列]转化,形成普洱茶(熟茶)独有品质特征的过程。后发酵包括缓慢后发酵和快速后发酵。

3.6 缓慢后发酵

缓慢后发酵亦称自然后发酵,是指云南大叶种晒青茶散茶和紧压茶在特定的自然环境条件下,[经]微生物、酶和湿热等综合作用,在较长时间内形成熟茶独有品质特征的过程。

3.7 快速后发酵

快速后发酵亦称人工后发酵,是指云南大叶种晒青茶在普洱茶产地特有的环境条件下,通过人[工]控制温度和湿度,加快微生物、酶和湿热等综合作用的反应,在较短时间内形成熟茶独有品质特征[的]过程。

중국 차학 원사인 쳰쭝마오陳宗懋│진종무│가 편찬한『중국차엽대사전中國茶葉大辭典』은 중국 고대 차역사부터 현대과학까지의 이론을 모두 다루는 핵심 문헌으로, 중국 차과학자들이 힘을 모아 만든 백과사전이다.

이 책은 물성만으로도 체감하게 하는 3266자, 1211쪽, 2280g에 육박한다. 1212년에 출판한 이 책의 5쇄에서 말한 '후발효後醱酵' 란 '악퇴변색 渥堆變色' 즉 '미생물발효微生物醱酵'를 지칭한다.

2007년 〈보이시차엽기업표준〉과 2008년 〈보이차국가조례〉에서 '후발효' 란 '쾌속후발효' 와 '완만후발효' 로 두 종류를 나누어 설명했어도 불구하고 중국차학자라면 반드시 보아야할『중국차엽대사전』에서는 '보이차 후발효'를 포함하지 않았고 중요이 다뤄지지 않았다.

이러한 학문의 불균형이 보이차의 정의를 이해하는데, 끝없이 혼란을 초래하게 하는 사실만을 확인해준 셈이다.

渥堆变色〔Piling〕 即"后发酵作用"。

渥堆〔Pile-fermentation〕 亦称"沤堆"。黑茶初制工序。利用微生物酶促作用和湿热作用下的热物理化学变化,使茶叶内含物发生复杂变化,塑造黑茶品质特征的技术。方法是将一定含水率的茶坯适当压紧堆积。如湖南黑茶渥堆,要求茶坯含水率为60%左右;湖北老青茶则以30%左右为宜。一般堆高40~100厘米,室温25℃以上,相对湿度85%左右。技术要素是控制适当的含水率、堆温、堆的大小、松紧和渥堆时间等。在原料粗老、含水率低、气温较低时,需堆大、压紧;反之,宜堆小较松。渥堆时间视叶色和香气的变化而定。如湖南黑茶叶色转为黄褐色,湖北老青茶和四川黑茶分别为红褐色、棕褐色时,均为适度。六堡茶成品蒸制过程中的渥堆时间需10余天,当叶色转为红褐色,发出醇香为适度。

沤堆〔Pile-fermentation〕 即"渥堆"。

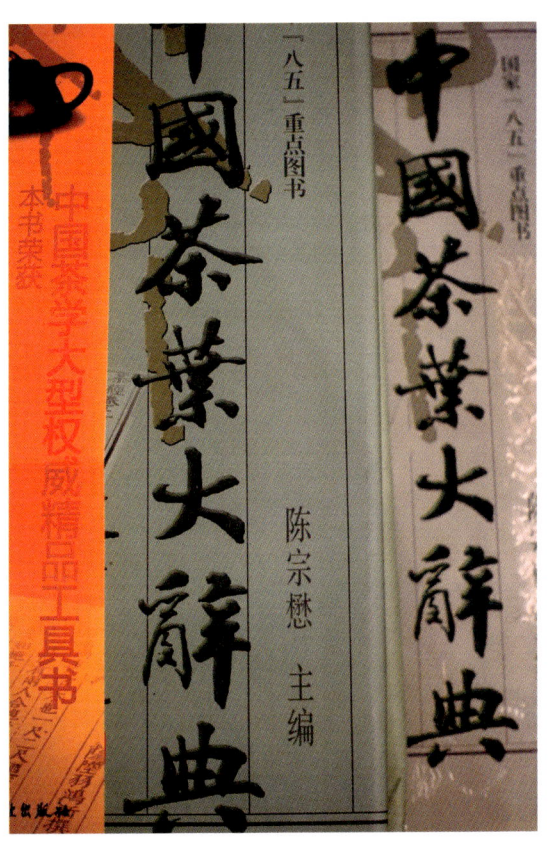

첸쭝마오陳宗懋 | 진종무 | 원사는 중국 차학과 분야의 선두 주자이며 식품안전 및 차엽식물보호에 관한 최고의 권위자다.

1984년부터 1994년까지 중국농업과학원中國農業科學院 차엽연구소茶葉硏究所 소장으로 역임했고, 장기간 농약잔류물과 차엽식물보호 연구사업에 종사한 중국 차과학 학문의 일인자다.

보이차 2008 중국국가표준
GB/T 22111-2008

2008년, 중국정부는 새롭게 중화인민공화국 표준화법標準化法 국가표준조례에 의거하여 <보이차지리표시산품普洱茶地理標誌産品 보호관리방법保護管理方法> 'GB/T 22111-2008'을 제정했다. 이 조례에서 비로소 국가적 차원으로 생차도 보이차라는 것을 인정하였다.

이 책에서 '보이차 정의'의 이해를 돕고자 2008년 보이차 국가 조례에서 보이차의 정의에 관련된 4항 · 5항 · 6항은 다음과 같다.

중화인민공화국의 '표준화법標準化法' 국가표준조례에 의거 <보이차지리표시산품普洱茶地理標誌産品 보호관리방법保護管理方法>을 제정한다. 본 표준은 중화인민공화국 국가질량감독검험검역총국國家質量監督檢驗檢疫總局에서 <지리표시산품보호규정地理標誌産品保護規定>에 의거, 보이차를 보호하는 목적으로 제정한다.

본 국가표준普洱茶國家標準은 중국국가표준화관리위원회中國國家標準化管理委員會의 관리 하에 공표, 실시한다.

지리표시산품보이차국가표준地理標誌産品普洱茶國家標準의 명칭은 다음과 같다. GB/T 22111-2008. 공표 시행날짜는 다음과 같다. 2008-12-01.

4: 술어術語와 정의定義
다음 술어와 정의는 본 표준에 적용된다.

4-1 보이차普洱茶 |Puer tea|
지리표시 보호 범위 내의 운남대엽종 쇄청차를 원료로 지리표시 보호범위 내의 특정 가공공정에 따라 만든 것으로, 독특한 품질 특징을 지닌 차다. 가공공정 및 품질특징에 따라 보이차는 보이차(생차)와 보이차(숙차) 두 가지 유형으로 나뉜다.

以地理標誌保護範圍內的雲南大葉種曬青茶爲原料, 並在地理標誌保護範圍內採用特定的加工工藝製成, 具有獨特品質特徵的茶, 按其加工工藝及品質特徵, 普洱茶分爲普洱茶(生茶)和普洱茶(熟茶)兩大類型.

4-2 운남대엽종차雲南大葉種茶 |Yunnan Daye tea|
운남성 차 생산 지역에 분포된 각종 교목형·소교목형 등 대엽종 차나무 품종의 총칭.
分布於雲南省茶區的各種喬木型·小喬木型大葉種茶樹品種的總稱.

4-3 후발효後醱酵 |Post-fermentation|
운남대엽종 쇄청차 혹은 보이차(생차)를 특정한 환경조건에서 미생물·효소|酶|·습열·산화 등의 종합작용으로 찻잎 내의 화학물질이 일련의 변환을 일으켜 보이차(숙차)의 독특한 품질 특징을 형성하는 과정을 말한다.
雲南大葉種曬青茶或普洱茶(生茶)在特定的環境條件下, 經微生物·酶·濕熱·氧化等綜合作用, 其內含物質發生一系列轉化, 而形成普洱茶(熟茶)獨有品質特徵的過程.

5-1 유형類型

보이차는 가공공정에 따라 및 품질의 특징에 따라 보이차(생차)와 보이차(숙차) 두가지 유형으로 나뉜다. 외관 형태에 따라 보이차(숙차) 산차, 보이차(생차, 숙차) 긴압차로 나뉜다.

普洱茶按加工工藝及品質特徵分爲普洱茶(生茶)·普洱茶(熟茶)兩大類型. 按外觀形態分普洱茶(熟茶)散茶·普洱茶(生茶·熟茶)緊壓茶.

5-2 등급

5-2-1 보이차(숙차) 산차의 품질 특징에 따라 특급, 1급부터 10급 등 모두 11 등급으로 나뉜다.

普洱茶(熟茶)散茶按品質特徵分爲特級, 一級至十級共11個等級.

5-2-2 보이차(생차, 숙차) 긴압차의 외형에 따라 떡차 모양인 원병형圓餠形, 종기모향인 완구형碗臼形, 네모 모양인 방方形, 기둥 모양의 주형柱形 등 다양한 형태와 규격이 있다.

普洱茶(生茶·熟茶)緊壓茶外形有圓餠形·碗臼形·方形·柱形等多種形態和規格.

ICS 67.140.10
X 55

中华人民共和国国家标准

GB/T 22111—2008

地理标志产品　普洱茶

Product of geographical indication—Puer tea

2008-06-17 发布　　　　　　　　　　　　　　　　2008-12-01 实施

中华人民共和国国家质量监督检验检疫总局
中国国家标准化管理委员会　发布

国家质量监督检验检疫总局令[2005]第 75 号《定量包装商品计量监督管理办法》

3 地理标志产品保护范围

普洱茶的地理标志产品保护范围限于国家质量监督检验检疫行政主管部门批准的地域范围,见附录A。

4 术语和定义

下列术语和定义适用于本标准。

4.1
普洱茶　Puer tea

以地理标志保护范围内的云南大叶种晒青茶为原料,并在地理标志保护范围内采用特定的加工工艺制成,具有独特品质特征的茶叶。按其加工工艺及品质特征,普洱茶分为普洱茶(生茶)和普洱茶(熟茶)两种类型。

4.2
云南大叶种茶　Yunnan Daye tea

分布于云南省茶区的各种乔木型、小乔木型大叶种茶树品种的总称。

4.3
后发酵　post-fermentation

云南大叶种晒青茶或普洱茶(生茶)在特定的环境条件下,经微生物、酶、湿热、氧化等综合作用,其内含物质发生一系列转化,而形成普洱茶(熟茶)独有品质特征的过程。

5 类型、等级和实物标准样

5.1 类型

普洱茶按加工工艺及品质特征分为普洱茶(生茶)、普洱茶(熟茶)两种类型。按外观形态分普洱茶(熟茶)散茶、普洱茶(生茶、熟茶)紧压茶。

5.2 等级

5.2.1 普洱茶(熟茶)散茶按品质特征分为特级、一级至十级共 11 个等级

5.2.2 普洱茶(生茶、熟茶)紧压茶外形有圆饼形、碗臼形、方形、柱形等多种形状和规格。

5.3 实物标准样

5.3.1 普洱茶(熟茶)散茶

根据各级别的品质要求,逐级制作实物标准样,每三年更换一次,各级标准样为该级别品质的最低界限。

5.3.2 普洱茶(生茶、熟茶)紧压茶

不做实物标准样,由企业按加工工艺要求进行生产留存。

4.3

后发酵　post-fermentation

云南大叶种晒青茶或普洱茶(生茶)在特定的环境条件下,经微生物、酶、湿热、氧化等综合作用,其内含物质发生一系列转化,而形成普洱茶(熟茶)独有品质特征的过程。

보이차 국가정의에서 보이생차는 '긴압차'만을 말한다. 긴압차는 악퇴할 수 없기에 보이생차의 갈변은 오로지 긴시간의 '자연갈변'을 통해서만 이루어질 수 있다.

그럼에노 リ곳에서의 '후발효'에 관한 해석을 보면 보이생차이든 쇄청차이든 모두 동일하게 "미생물·효소·습열·산화 등의 종합작용으로 보이숙차를 형성하는 과정"으로 기술하므로써 일반 소비자들에게 보이생차의 갈변도 미생물 발효로 만들어졌다는 잘못된 인식을 심어줘 혼란만 안겨주었다.

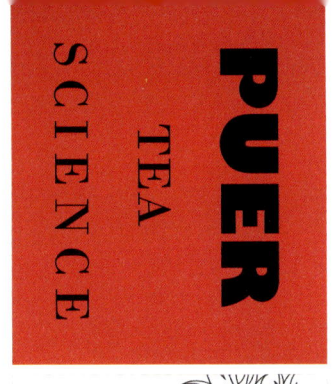

2014 차의 정의
중국국가표준
GB/T 30766-2014

2014년 10월 27일 실시한 차에 관한 <중화인민공화국국가표준中華人民共和國國家標準 GB/T 30766-2014> 조례는 2014년 6월 22일 발표한 <중화인민공화국국가표준공고中華人民共和國國家標準公告> 조례를 간소화하여 제정된 것이다. <중화인민공화국국가표준공고> 조례에서 해석한 차의 분류 원칙과 학술용어 및 정의의 내용은 다음과 같다.

이 책에서 '2014 차의 정의'의 이해를 돕고자 중국국가표준조례에서 보이차와 관련된 녹차·황차·흑차 그리고 재가공차再加工茶 가운데 긴압차·티백·분말차의 내용은 다음과 같다.

차의 분류 | Tea Classify |

A. 범위

국가표준화관리위원회國家標準化管理委員會 국가표준공고國家標準公告 - 2014년 6월 22일 발표일로부터 실시하며 아래와 같이 표준으로 한다.

이 표준은 차의 학술용어와 정의, 분류의 원칙과 유별類別을 규정 한다. 이 표준에는 차의 생산, 과학연구, 교육학문, 무역, 검열 및 상관된 표준의 제정에 적용한다.

B. 학술용어 및 정의

학술용어 및 정의에 대한 적용은 다음의 문건으로 한다.

차茶 |tea|

'차'란 차나무 |*Camellia sinensis* (L.). O. Kuntze|의 싹·잎·여린 줄기를 원료로 특정한 가공공정으로 만들어 그 어떠한 첨가제도 넣지 않는 음용 및 식용의 제품을 말한다.

살청殺靑 |enzyme inactivation|

일정한 온도를 가해 생엽 내의 효소활성을 잃게 하는 공정 또는 효소의 활성을 둔화시키는 공정.

발효醱酵 |enzymatic reaction|

생엽 내의 효소를 이용하여, 생엽 내의 페놀물질을 산화·중합시키는 과정.

악퇴渥堆 |pile-fermentation|

찻잎을 퇴적한 후 온도와 습도를 높여 미생물이 분비한 효소를 통해 완만하게 발효 촉진시키는 공정.

C. 분류의 원칙

생산 공정, 제품 특성, 차나무 품종, 생엽 원료와 생산지역에 따라 분류한다.

– 유별類別 –

1) 녹차綠茶 |Green Tea|

차나무의 싹·잎·여린 줄기를 원료로 살청殺靑, 유념揉捻, 건조乾燥 등 공정을 거쳐 만든 제품.

가) 살청공정과 제품의 특성에 따른 분류

(1) 초열식炒熱式 살청녹차殺靑綠茶
 살청공정을 금속재질 열전도 방식으로 만든 제품.

(2) 증기식蒸氣式 살청녹차殺靑綠茶
 살청공정을 증기 열전도 방식으로 만든 제품.

나) 건조공정과 제품의 특성에 따른 분류

(1) 초청녹차炒靑綠茶

건조공정을 덖음 혹은 굴림통 방식으로 만든 제품.

(2) 홍청녹차烘青綠茶

건조공정을 홍건烘乾 방식으로 만든 제품.

(3) 쇄청녹차曬青綠茶

건조공정을 햇볕 방식으로 만든 제품.

> 참고로 2014 · 10 · 27 제정 실시된 〈중화인민공화국국가표준〉 녹차 정의의 유별은 초청녹차 · 홍청녹차 · 쇄청녹차 · 증청녹차 등 네 가지다.

다) 차나무 품종과 제품 특성에 따른 분류

(1) 대엽종녹차大葉種綠茶

대엽종 차나무 생엽을 가공하여 만든 제품.

(2) 중소엽종녹차中小葉種綠茶

중소엽종 차나무 생엽을 가공하여 만든 제품.

3) 황차 黃茶 |Yellow Tea|

차나무의 싹·잎·여린 줄기를 원료로 살청, 유념, 민황悶黃, 건조 등 공정을 거쳐 만든 제품.

가) 생엽 원료와 제품의 특성에 따른 분류

(1) 아형芽型

차나무의 1싹|一芽| 또는 막 피어오른 1싹 1잎|一芽一葉|을 채취 가공하여 만든 제품.

(2) 아엽형芽葉型

차나무의 1싹 1잎 또는 막 피어오른 1싹 2잎|一芽二葉|을 채취 가공하여 만든 제품.

(3) 대엽형大葉型

차나무의 1싹 다엽|一芽多葉| 즉 1싹에 여러 잎이 달린 생엽을 채취 가공하여 만든 제품.

6) 흑차黑茶 |Dark Tea|

차나무의 싹·잎·어린 줄기를 원료로 살청, 유념, 악퇴渥堆, 건조 등 공정으로 만든 제품.

가) 생산 지역과 제품 특성에 따른 분류

(1) 호남흑차湖南黑茶

　　호남湖南 |후난| 지역의 차나무 생엽을 사용하여 살청, 초유初揉, 악퇴, 복유復揉, 건조 등 공정으로 만든 제품.

(2) 사천흑차四川黑茶

　　사천四川 |쓰촨| 지역의 차나무 생엽을 사용하여 살청, 유념, 악퇴, 건조 등 공정으로 만든 제품.

(3) 광서흑차廣西黑茶

　　광서廣西 |광시| 지역의 차나무 생엽을 사용하여 살청, 유념, 악퇴, 건조 등 공정으로 만든 제품.

(4) 보이차普洱茶

　　운남雲南 |윈난| 서남西南 지역의 대엽종 차나무 생엽을 원료로 살청, 유념, 일광 건조, 악퇴, 건조 등 공정으로 만든 제품.

8) 긴압차緊壓茶 |Brick Tea|

찻잎을 원료로 체선 |篩選|, 병배拼配, 증기 |악퇴|, 압제壓制 등 특수공정으로 만든 제품.

가) 가공 특성과 제품 특성에 따른 분류

(1) 흑전차黑磚茶

흑모차黑毛茶 즉 흑차 초벌차를 주원료로 체선, 병배, 증기 악퇴, 압제 성형, 건조 등 특수공정으로 만든 제품.

(2) 화전차花磚茶

흑모차를 주원료로 체선, 병배, 증기 악퇴, 압제 성형, 건조 등 특수공정으로 만든 제품.

(3) 복전차茯磚茶

흑모차를 주원료로 체선, 병배, 증기 악퇴, 압제 성형, 건조 등 특수공정으로 만든 제품.

(4) 타차沱茶

쇄청모차를 주원료로 체선, 병배, 증기 압제 성형, 건조 등 특수공정으로 만든 제품.

(5) 긴차緊茶

쇄청모차를 주원료로 체선, 악퇴, 병배, 증기 압제 성형, 건조 등 특수공정으로 만든 제품.

(6) 칠자병차七子餠茶

쇄청모차를 주원료로 체선, 악퇴 l혹은 불악퇴l, 병배, 증기 압제 성형, 건조 등 특수공정으로 만든 제품.

(7) 강전차康磚茶

천남변차川南邊茶 즉 사천四川 l쓰촨l 남부 변차邊茶를 주원료로 체선, 악퇴, 병배, 증기 압제 성형, 건조 등 특수공정으로 만든 제품.

(8) 금첨차金尖茶

천남변차川南邊茶를 주원료로 체선, 악퇴, 병배, 증기 압제 성형, 건조 등 특수공정으로 만든 제품.

(9) 청전차青磚茶

노청차老青茶를 주원료로 체선, 병배, 증기 압제 성형, 건조 등 특수공정으로 만든 제품.

(10) 미전차米磚茶

홍차를 주원료로 증기 압제 성형, 건조 등 특수공정으로 만든 제품.

9) 티백袋泡茶 |Teabag|

찻잎을 원료로 가공한 후 일정한 규격에 맞춰 여과 재료로 포장하여 만든 제품.

가) 제품 특성에 따른 분류

(1) 녹차 티백
　　녹차를 원료로 특정한 여과 재료로 포장한 제품.

(2) 홍차 티백
　　홍차를 원료로 특정한 여과 재료로 포장한 제품.

(3) 오룡차 티백
　　오룡차를 원료로 특정한 여과 재료로 포장한 제품.

(4) 화차 티백
　　화차를 원료로 특정한 여과 재료로 포장한 제품.

(5) 흑차 티백
　　흑차를 원료로 특정한 여과 재료로 포장한 제품.

(6) 백차 티백

　　백차를 원료로 특정한 여과 재료로 포장한 제품.

(7) 황차 티백

　　황차를 원료로 특정한 여과 재료로 포장한 제품.

10) 분말차 粉茶 |Dust Tea|

찻잎을 원료로 특정공정으로 가공하여 만든 고운 분말의 제품.

가) 제품 특성에 따른 분류

(1) 말차 抹茶

　　일정한 품종과 규격에 맞는 증청녹차를 사용하여 특정한 설비와 공정으로 연마한 고운 분말의 제품.

(2) 가루차 |茶粉|

　　찻잎을 원료로 특정 설비와 공정으로 연마하여 만든 일정한 고운 분말의 제품.

말차抹茶는 일정한 품종과 규격에 맞는 증청녹차를 사용해 연마한 고운 분말 즉 우리가 점차點茶할 때 사용하는 말차를 말한다.

차분茶粉은 말차보다 입자가 크고 제빵·과자·아이스크림 등 일반식품에 사용하는 식재료에 첨가한 찻가루를 말한다.

티백은 녹차綠茶·백차白茶·황차黃茶·청차靑茶·홍차紅茶·흑차黑茶 등 여섯 가지 이른바 '6대차류六大茶類'의 차와 재가공차류再加工茶類'로 분류된 화차花茶를 더한 포장 티백차를 말한다.

흑차의 국가표준 정의에서 '차나무의 싹·잎·여린 줄기를 원료로 살청·유념·악퇴·건조 등 공정으로 만든 제품'이라 기술하고 있다.

보이차의 국가표준도 이 정의에 의거 '운남 서남지역의 대엽종 차나무 생엽을 원료로 살청·유념·일광 건조·악퇴·건조 등 공정으로 만든 제품'이라 하여, '보이생차'는 빠진채 오직 악퇴로 만든 '보이숙차'만이 보이차라고 정의하고 있다.

재가공차再加工茶 긴압차 가운데 보이차와 관계된 차 종류는 타차沱茶 · 긴차緊茶 · 칠자병차七子餅茶가 있다.

타차는 '쇄청모차를 주원료로 체선 · 병배 · 증기 압제 성형 · 건조 등 특수공정으로 만든 제품'이라 하여 타차는 악퇴공정이 없는 '생차'라는 것이 국가의 정의다.

긴차는 '쇄청모차를 주원료로 체선 · 악퇴 · 병배 · 증기 압제 성형 · 건조 등 특수공정으로 만든 제품'이라 하여 긴차는 악퇴 공정을 거쳐 만든 '숙차'라는 것이 국가의 정의다.

칠자병차는 '쇄청모차를 주원료로 체선 · 악퇴 혹은 불악퇴 · 병배 · 증기 압제 성형 · 건조 등 특수공정으로 만든 제품'이라 하여 칠자병차는 악퇴한 '숙차'와 불악퇴한 '생차' 등 두 종류가 있다는 것이 국가의 정의다.

그럼에도 보이차 시장에선 악퇴로 만든 타차 또는 생차로 만들어 자연갈변된 긴차 등 차들을 흔히 볼 수가 있다.

국가정의는 강제성을 띄고 있다. 국가 정의와는 달리 시장에서 유통되고 있는 다양한 형태의 긴압차는 보이차에 대한 해석의 혼란만 가중시키고 있다.

차는 가공방법과 효소작용 즉 갈변의 정도에 따라 녹차綠茶·백차白茶·황차黃茶·청차靑茶·홍차紅茶·흑차黑茶 등 여섯 가지로 나눠 이를 '6대차류六大茶類'라고 한다.

이후 청치쿤程啓坤|정계곤|교수가 6대차류에서 '재가공차류再加工茶類'한 가지를 더해 이른바 '7대차류七大茶類'로 정립했다.

한편 2014년 제정된 〈중화인민공화국국가표준GB/T 30766-2014〉 조례에서 '7내차류' 기운데 '재가공차류再加工茶類'를 넷으로 세분해 지금은 '10대차류十大茶類'로 구분하고 있다.

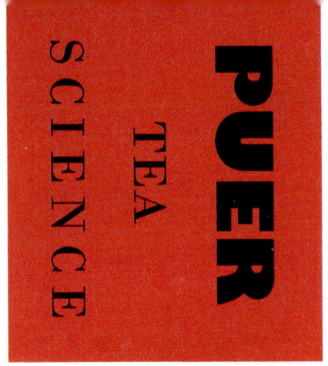

차의 학문에서 잘못
차용된 용어 '발효'

백과사전에 따르면 '발효醱酵'란 "효모나 세균과 같은 미생물이 지니고 있는 효소의 작용으로 유기물有機物이 분해되어 알코올·유기산으로 변하면서 탄산가스가 발생하는 화학작용으로, 술이나 된장·간장·치즈 등을 만드는 데에 이용되고 있다"라고 정의하고 있다.

'발효'라는 말은 우리의 일상생활에서도 매우 친숙한 용어다. 왜냐하면 한국의 전통 음식인 김치·된장·고추장 등이 모두 발효식품이기 때문이다. 한편 '발효'란 말 자체가 미생물에 의해 일어나는 화학작용을 뜻하므로, 굳이 '미생물발효'라고 표현하지 않아도 의미는 통한다. 이에 '발효'는 곧 '미생물발효'의 준말이기도 하다.

오늘날 차를 가공하는 과정이나 차의 종류를 설명할 때 널리 쓰이고 있는 말이 '발효'라는 용어다. 예를 들어 녹차綠茶를 불발효차不醱酵茶, 오룡차烏龍茶를 반발효차半醱酵茶, 홍차紅茶를 완전발효차完全醱酵茶라고 한다. 이를 보더라도 차에서 '발효'라는 용어가 차지하는 비중이 어느 정도인지 짐작할 수 있다.

'발효'의 사전적 의미를 그대로 차에 대입하면, 불발효차인 녹차는 차를 만드는 과정에 미생물이 전혀 작용하지 않은 차로 해석될 수 있다. 또 반발효차인 오룡차는 미생물이 절반 정도 작용하여 만든 차, 완전발효차인 홍차는 제조과정에서 미생물이 온전히 작용하여 만든 차가 된다.

그런데 '발효'의 사전적 정의로 차를 설명하게 되면 많은 부분이 혼란스러워진다. 왜냐하면 일반적으로 차 학계에서 말하는 발효란 미생물의 작용여부와 관계없이 차 제조과정에서 찻잎의 색깔이 변하는 현상을 모두 '발효'라고 말하고 있기 때문이다.

그렇다면 어떤 이유로 우리는 미생물이 작용하지 않는 찻잎의 변색과정에도 '발효'란 말을 쓰고 있는 것일까? 차의 발효는 최초로 홍차를 가공할 때 적용된 용어로 당시 홍차의 발효에 관한 정의가 미생물에서부터 시작되었기 때문이다.

오늘날 홍차 가공과정 중 찻잎을 퇴적하여 갈변시키는 이른바 '악홍渥紅'하는 공정을 아직도 '발효공정'이라고 부르는 것도 이러한 이유에서다.

19세기 중엽, 영국은 청나라로부터 많은 양의 차를 수입했다. 하지만 지불해야할 은銀이 부족했고 또한 높은 수입관세를 피하기 위해 영국은, 중국 차나무를 자신들의 식민지인 인도 아쌈 | Assam | 지방에 심기 시작했다.

1835년에 이르러 영국의 동인도회사는 인도에서 재배한 아쌤종 차나무로 홍차를 제조하게 된다. 그런데 그 당시 홍차 제조와 연구에 참여했던 유럽 과학자들은 중국이 개발한 '온발효법溫醱酵法'을 차용했는데, 이 방법으로 만든 홍차에서 미생물을 발견했던 것이다. 이를 근거로 그들은 찻잎을 퇴적하는 공정에서 갈변褐變된 것은 미생물작용으로부터 일어났다고 결론을 내렸다.

또한 1890년 일본 학자인 고자이|古在油澤|는 찻잎의 변색은 공업용 발효에서 말하는 미생물발효와 동일하다는 주장을 폈다. 이러한 일련의 주장으로 찻잎의 갈변현상은 모두 미생물에 의한 'fermentation'(퍼먼테이션), 즉 '발효'에서 비롯된다는 논리가 고착固着되는 결과를 낳게 되었다.

6대차류는 1960년대 중국 안휘농업대학安徽農業大學 차학과茶學科 고故 첸찬陳橡|진연| 교수의 이론이며, 1979년 발행된 차학과 교재『제다학製茶學』에서 최초로 정립된 학문이다.

첸찬 교수는 이 책에서 차 학문에서 말한 '발효'의 정의를 상세히 설명을 했다.

그는 찻잎의 갈변은 '미생물발효'도 아니며 단순한 '산화작용'도 아닌 찻잎 내의 효소, 특히 산화효소가 중심이 되어 페놀화합물과 촉매반응하여 일어난 갈변이므로 '발효'라는 용어를 사용해서는 안된다는 것을 강조했다.

三、"发酵"

我国劳动人民发明红茶制法后，叶色由绿变红过程，称为渥红。1890年日本古在油淨（Y. Kosai）首先提出制茶的绿变红过程是微生物作用与工业发酵相同，定名为"发酵"。这种学说后来为许多科学实验所否定。

红茶"发酵"的实质，经过几十年来的国内外科学工作者的研究才加以肯定。制茶"发酵"是鲜叶细胞组织损伤，确切地说，主要是半透性液泡膜损伤，引起多酚类化合物的酶促作用，并产生一系列的鲜叶内含物质的氧化、聚合、缩合，形成有色物质，如茶黄素、茶红素等，及具有特殊香昧的物质。既不是微生物发酵，也不是单純的化学变化——氧化过程。

'발 효醱酵'

역문譯文:

우리나라 노동자들이 홍차 제조법을 발명한 후 찻잎이 녹색에서 붉은색으로 변하는 과정을 '악홍渥紅'이라 불렀다. 1890년 일본인 고자이 古在油澤 가 가장 먼저 차의 가공에서 찻잎이 녹색에서 붉은색으로 변한 과정은 미생물의 작용 논리와 같다 하여 이를 '발효'라 정명定名했다. 이 학설은 훗날 많은 과학 실험에 의해 부정되었다.

홍차 '발효'의 실질적 찻잎 변화는 수십 년 동안 국내외 과학자들의 연구를 거쳐 비로소 긍정적인 답이 도출되었다. 차의 가공에서 말하는 '발효'란 선엽의 세포 조직 손상에서 비롯된 것이다. 정확히 말하면, 그 주요작용은 찻잎의 반투과성 액포막半透過性液胞膜의 손상으로 폴리페놀류 화합물과 효소의 촉매작용으로 일어난 일련의 과정에서 선엽 내의 물질이 산화·중합·축합 등으로 형성된 유색물질이며, 예를 들어 테아플라빈·테아루비긴 등 그리고 특수한 향기를 지닌 물질이 만들어진 것이다. 이는 '미생물발효'도 아니고, 또한 단순한 화학변화인 '산화과정'도 아니다.

20세기 초에 이르자, 찻잎의 변색이 미생물작용으로 비롯된다는 기존의 학설이 흔들리게 되었다. 찻잎은 미생물이 작용하지 않는 상태에서도 변색될 수 있다는 사실이 새롭게 밝혀졌기 때문이다.

이어 1930년대에는 찻잎의 변색은 찻잎 내의 효소, 특히 산화효소가 중심이 되어 페놀 |phenol|화합물과 촉매觸媒 반응하여 갈변된다는 것을 알아냈다. 그래서 일부학자들 사이에서, 사전적 의미의 미생물에 의한 발효와 관계없는 찻잎의 갈변을 새로운 용어로 바꾸자는 주장이 있었다.

그러나, 이미 차 학계에 정착된 '발효'라는 용어를 변경하지 않고 그대로 사용했다. 그때의 잘못이 오늘까지 이어져 '발효' 란 용어로 생기는 혼란은 더욱 심해지는 결과를 낳고 있다.

오늘날 차를 연구하는 많은 학자들은 차의 갈변을 설명하면서 '발효'라는 용어를 가급적 쓰지 않으려고 노력하고 있다. 그래서 어떤 이들은 '발효'를 '갈변' 또는 '변색'이라 바꿔 쓰기도 한다. 또한 이 갈변의 주체가 효소이기에, 2014년 제정된 <중화인민공화국국가표준中華人民共和國國家標準 GB/T 30766-2014> 조례에서 부터 영어로 '발효'를 말할 때 미생물의 뜻을 담고 있는 '퍼먼테이션 fermentation' 대신에 '효소작용' 또는 '효소반응'을 뜻하는 '엔자이메틱 리액션 enzymatic reaction'이라는 용어로 차의 갈변을 새롭게 설명하고 있다.

한편 '미생물'은 현미경으로나 볼 수 있는 매우 작은 단위의 생명체로서 각종 대사작용을 수행하는 생명현상을 독립적으로 유지할 수 있는 반면 '효소'란 생물체의 세포 안에서 합성되어 화학적으로는 둥근 구 모양의 단백질로서 생명현상이 없다.

따라서 '발효'는 미생물의 각종 대사작용으로 원료 물질에 이미 들어있던 혹은 새로이 만들어 내는 효소의 작용에 의해 일어나는 과정을 말한다.

'효소酵素'라는 단어를 처음 사용한 사람은 1871년 독일 빌헬름 퀴네|Wilhelm Kühne, 1837~1900|라는 생리학자다. 그는 효모 속|in yeast|이라는 뜻에서, '효소酵素|enzyme|'라는 단어를 처음으로 사용했다.

1900년 초 콜로이드|Colloid| 화학을 전공한 스웨덴 사람 테오도르 스베드버그|Theodor Svedberg, 1884~1971|가 단일 단백질이 효소로 기능함을 발표하여 효소 연구는 급속히 발전하게 되었다.

차에 관여되는 효소에 대한 최초의 연구는 당시 유행하고 있는 홍차에서 비롯되었다.

1900년 M. K Bamber가 스리랑카와 다른 두 지역의 찻잎

실험에서 동일한 효소를 분리했는데, 그는 이 홍차들의 갈변은 모두 효소작용이라는 것을 증명했다. 다음해인 1901년 C. R. Newton은 찻잎의 갈변이 효소의 작용임을 증명하고 이 효소를 '차효소茶酵素'라고 명명했다.

1908년 H. L.Welter의 실험에서 세균 즉 미생물이 존재하지 않는 상태의 찻잎이 여전히 갈변하는 것을 발견했다. 1935년 Mahckar와 1947년 Bokyuaba는 실험에서 폴리페놀산화효소|polyphenol oxidase|와 과산화효소|peroxidase| 등 두 가지 산화효소가 홍차 갈변에 관여하는 주요 효소라는 것을 밝혀내자, 찻잎의 갈변이 미생물의 발효가 아닌 효소로 인해 갈변한다는 학설이 확립하게 되었다.

그럼에도 불구하고 한자 문화권의 차학자들은 아직까지도 '발효'를 대체할만한 새로운 한자 학술용어 만드는데 합의를 도출하지 못해, 부득이 오늘날에도 차의 변색을 '발효'라고 그대로 쓰고 있다.

이 책에서는 한자 문화권의 일부 학자들과 궤를 같이 하기 위해 차의 변색을 찻잎의 효소로 인해 변색된 것은 '갈변', 미생물 체외효소로 갈변된 것은 '발효'라고 표기한다. 그리고 차의 '효소작용'과 '비효소작용'을 각각 '효소갈변'과 '비효소갈변' 병기倂記한다.

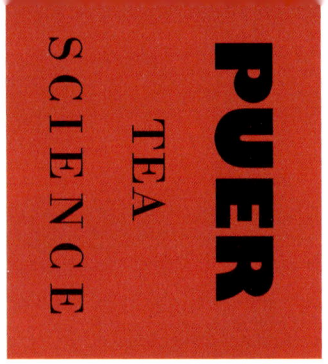

**찻잎 변색의 주된 원인은
효소에서 비롯된다**

차의 변색 즉 갈변을 이야기할 때 먼저 정확히 알고 있어야 할 물질이 '효소'다. '효소酵素 |enzyme|'란 일종의 생리활성 화합물로 생물체 내의 각종 화학반응을 진행시키는 데 필요한 촉매제觸媒劑 |catalyst| 역할을 하므로 '생물촉매제生物觸媒劑'라고도 한다.

식품의 갈변현상은 그 원인이 되는 반응에 의해 '효소적 갈변 酵素的褐變 |enzymatic browning|'과 '비효소적 갈변非酵素的褐變 | nonenzymatic browning|'으로 크게 구분된다.

차 과학에서 찻잎의 갈변도 효소를 통해 이루어지는데, '세포내효소細胞內酵素 |endoenzyme|'와 '세포외효소細胞外酵素 | exoenzyme|'로 나눈다.

'세포내효소細胞內酵素'란 찻잎 세포 내에 존재하는 효소 가운데 체외로 분비되지 않고 세포 내에 존재하는 효소를 말하며, '생체내효소生體內酵素'라고도 한다. '세포외효소細胞外酵素'는 차의 퇴적 공정에서 생긴 미생물이 세포에서 분비된 형태로 세포 밖으로 방출되어 거기서 효소촉매작용을 영위하는 효소를 말하며 '생체외효소生體外酵素'라고도 한다.

한편 차의 과학에서 찻잎의 '비효소적 갈변'은 효소에 의하지 않는 공기 중의 산소로 인해 자연적으로 일어나는 갈변현상을 말한다. 차의 저장과정에서 일어나는 갈변이 대표적이다.

생물체내에서 촉매작용을 하는 효소는 모두 단백질이며, 온도에 매우 민감하다. 효소는 36.5℃에서 활성이 가장 강하나, 60~80℃에 이르면 급격히 생물학적 활성을 잃어 불활성화가 된다. 이와 같이 효소가 60℃ 이상에서 촉매작용을 못하는 것은 효소의 주성분인 단백질이 온도가 높아지면 모양이 변성變性 응고되면서 효소의 기능도 함께 상실되기 때문이다.

효소의 변성으로 인한 촉매능력의 상실을 '불가역적작용不可逆的作用'이라고 한다. 예를 들어, 날달걀의 투명한 흰자위가 익으면 응고되어 흰색의 고체로 바뀌게 되는데, 이렇게 변성된 흰자위는 그 어떤 경우에도 처음의 투명한 상태로 다시 되돌아 갈 수 없는 이치와 같다.

단백질인 효소는 촉매하는 화학반응에 따라 산화환원효소酸化還元酵素ㆍ가수분해효소加水分解酵素ㆍ분해효소分解酵素ㆍ전이효소轉移酵素ㆍ이성질화효소異性質化酵素ㆍ합성효소合成酵素 등으로 나뉜다. 이 중에서 차에 있어서 가장 중요한 효소는 산화효소이며, 산화효소 가운데에서도 폴리페놀옥시데이스 |polyphenol oxidase, PPO|와 퍼옥시데이스 |peroxidase, POD|가 매우 중요하다.

효소는 열에 매우 약해 80℃ 이상이 되면 대부분 활성을 잃고 기능이 소멸되는 비활성화 현상 이른바 '실활현상失活現象'이 일어난다. 그래서 우리 선대들이 찻잎이 변색되는 것을 막기 위해 고온으로 효소의 활성을 잃게 함으로써 갈변을 중지시키는, 이른바 '살청殺靑'이란 방법을 고안하였다.

차의 학문에서 갈변과 산화는 같은 개념, 즉 등식이 아니다

찻잎의 변색에 관여하는 가장 주요한 화학작용은 산화효소에 의한 산화작용이다. 따라서 많은 사람들이 차의 갈변을 '산화'로, '자연갈변'을 '자연산화'라고 부르는 이유이기도 하다. '산화 酸化 |oxidation|'란 쇠가 산소와 화합하여 누렇게 녹슬듯이, 어떤 물질이 산소와 결합하여 성질이 변하는 화학반응을 일컫는 말이다.

차에 있어서는 차에 함유된 '페놀' 물질이 중심이 되어 찻잎 속의 효소의 작용으로 산화·중합重合되는 과정이다.

그렇다면 차 학계에서의 '갈변'현상을 산화작용과 같은 뜻으로 해석도 되는 것일까? 꼭 그렇지는 않다. 차의 갈변, 즉 찻잎 변색의 주된 원인은 산소가 존재하는 일정한 환경에서 효소의 촉매작용으로 일어난 산화작용이 맞지만 여러 반응들이 함께 이루어낸 변색 현상이기도 하기 때문이다.

다시 말해 차의 변색을 말할 때 흔히 쓰는 표현인 '발효' 즉 갈변은 산화작용이 중심이 되어, 자연산화自然酸化·가수분해加水分解·이성질화異性質化 등 또 다른 작용과 아직도 미확인된 성분이 변화해서 생긴 결과물인 것이다.

일례로 차의 위조萎凋 즉 찻잎을 시들게 하는 공정에서의 화학물질 변화는 가수분해와 산화작용을 통해 이루어진 것이지만, 산화작용보다 가수분해작용이 더 큰 역할하기에 '위조'에서 온 변색을 '가수분해작용'이라고 한다.

따라서 위조 공정에서의 갈변은 가수분해가 주체가 되어 일어나는 성분 변화이므로, 차를 과학적으로 설명할 때 갈변과 산화는 결코 같은 개념이 아니며, 분리해서 설명되어야 한다.

역사적으로 이른바 '진년보이노차'는 모두 마필을 이용해 운송했으며, 오랜 시간 동안 자연갈변으로 숙성된 보이차다.

차마고도는 두 개의 주요 노선이 있는데, 하나는 운남에서 출발하고, 다른 하나는 사천에서 출발한다. 아래 사진인 '사천노선'은 1950년대 산악을 개간하고 도로 확장하는 바람에 거의 유실돼 지금은 단절된 상태로 일부 흔적들만 남아있다.

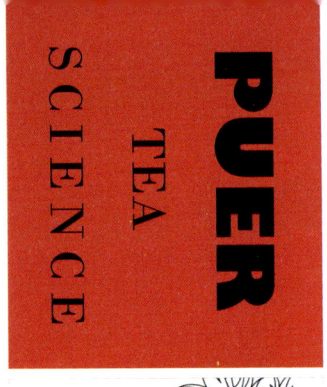

덖는 횟수와 관계없이 1차 덖기 과정만이 살청공정이다

한자어 '살청殺靑'을 쉽게 풀면 '찻잎의 푸른빛|靑|을 유지하기 위해 효소를 죽인다|殺|'라는 의미다. 어떤 이들은 '효소 죽이기'라고 표현하기도 한다. '효소'란 생물체의 세포 안에서 합성되어 화학적으로는 둥근 구 모양의 단백질로서 생명현상이 없다. 따라서 '살아 있다' 또는 '죽었다'라는 표현은 결코 옳지 않으며, 이 책에서 표현한 '효소 죽이기'는 효소의 기능을 상실한다는 의미다.

그동안 영어로 살청을 말할 때 '푸른빛 고정'의 뜻을 담고 있는 'fixation(픽세이션)'으로 표기하였으나, 2014년 제정된 <중화인민공화국국가표준中華人民共和國國家標準 GB/T 30766-2014> 조례에서 부터 차학에서는 'fixation(픽세이션)' 대신 '효소의 비활성화'인 'enzyme(엔자임) inactivation(인엑티베이션)'이라는 용어로 살청을 새롭게 설명하고 있다.

효소를 비활성화하는 방법은 다양하다. 일본에서는 주로 증기의 열을 이용해 찌는 반면, 한국이나 중국에선 가마솥이나 굴림통에 뜨거운 열을 가해 효소를 비활성화 한다. 녹차를 만들 때, 살청이 끝난 찻잎을 아무리 비벼도 변색되지 않는 이유가 살청 공정을 통해 효소의 기능이 모두 상실됐기 때문이다.

즉 녹차가 찻잎의 녹색을 그대로 유지하고 '불갈변차不褐變茶 |기존의 불발효차|'라고 불리는 것은 가공과정에서 효소의 기능을 실활失活하는 '살청' 공정을 거쳤기 때문이다.

이와 반대로, 살청을 하지 않으면 찻잎의 효소는 그대로 남아 있어 찻잎을 강하게 비빌수록 갈변현상이 심해진다. 이렇게 효소의 기능을 최대한 활용하여 만든 차가 홍차다. 홍차를 '완전갈변차完全褐變茶 |기존의 완전발효차|'라고 부른 것은 찻잎이 완전히 갈변되었기 때문이다.

효소는 열에 매우 약해 60℃를 넘으면 단백질 효소의 활성은 점차 낮아지게 되고, 100℃에 이르면 그 활성은 모두 파괴된다. 하지만 저온일 경우 상황은 정반대로 나타난다.

일반적으로 효소는 찻잎의 온도가 20℃일 때부터 활성이 시작되고, 10℃ 증가할 때마다 배로 증가되어 45~52℃에 이르면 활성이 가장 강하게 작용한다. 이 온도에 찻잎을 오래 두게 되면 곧 갈변되어 붉은 색을 띤 홍엽紅葉으로 변하게 된다. 녹차를 가공할 때 살청온도가 너무 낮으면 찻잎이 금세 갈변되는 것도 이런 까닭이다.

살청은 생엽이 본체온도本體溫度 | 솥, 수증기, 끓인 물, 열풍|에서 발생하는 열과 수증기를 이용해 단시간 이내에 찻잎의 온도를 80℃ 이상으로 끌어올려 효소를 비활성화하는 과정이다. 이는 찻잎 효소의 변성온도變性溫度가 80℃이기 때문이다.

오늘날 일부에서 보이차를 만들 때 덖는 과정에서 저온으로 찻잎의 효소를 죽이는 방법을 '저온살청低溫殺靑'이라 말하는 경우가 있는데, 이러한 표현은 살청을 정확히 이해하지 못한 데에서 온 학문적 오류다. '저온살청'이라는 말은 살청의 본뜻과 모순되는 표현이기 때문이다.

한편 한국의 덖음 녹차의 경우, 덖기 횟수와 관계없이 처음 가마솥에서 덖는 1차 덖기 과정만이 살청 공정이다. 이후의 덖기 작업은 모두 건조 공정에 해당된다.

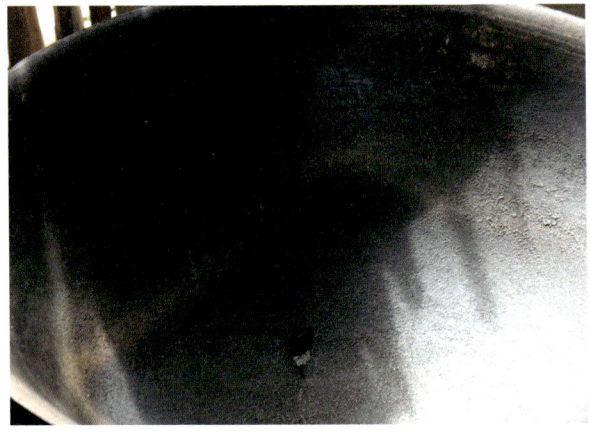

운남雲南 |윈난 | 소작농들은 찻잎을 쉽게 비비기 위해 저온으로 찻잎을 숨을 죽인다. 이 방법을 일부에선 '저온살청'이라 말하는 경우가 있다. 이 말은 살청을 정확히 이해하지 못한 데에서 온 잘못된 표현이다. 이는 살청은 오로지 고온을 통해서만 이루어질 수 있기 대문이다.

이곳 소작농들이 찻잎을 덖을 때 음식을 만들었던 솥으로 그대로 쓰는 경우가 대부분이다. 어떤 솥은 갈라져 구멍이 난 것도 있다. 그래서 일부 차에서는 땔감에서 나온 그을음이 찻잎을 오염해 심한 탄내가 난다. 하지만 이러한 화기火氣 냄새는 일정 기간 지나면 사라진다.

옛날에 만든 호자급號字級·인자급印字級 등으로 불리는 전통보이차들이 모두 이런 방법으로 만들었음에도 오늘날 아무런 그을음 냄새가 나지 않는 것이 이를 증명한다.

차의 가공에서는 찻잎을 펼쳐놓아 식히는 작업 즉 시들리기를 해야 좋은 품질의 차를 얻을 수 있다.

찻잎을 딴 후 그대로 쌓아 계속 방치할 경우 대량의 암모니아가 방출되고 변질 부패의 원인으로 작용한다.

운남 고차수古茶樹의 찻잎은 수량이 적어 부득이 생엽을 한 곳에 모아 채엽을 끝난 후 처리하는 것이 일반적이다.

일부 생엽은 위조萎凋하기 전 이미 산화되어 변색현상 일어나 갈변되기도 한다. 이렇게 갈변된 찻잎은 일반 차류茶類와는 달리 보이차의 품질엔 큰 영향을 주지 않는다.

찻잎은 효소로부터 갈변이 된다

찻잎을 딸 때 잎에 상처가 나면 바로 갈변된다. 이 반응을 '효소갈변酵素褐變' 또는 '효소작용酵素作用'이라고 한다. 차의 과학에서 말하는 효소는 찻잎 속의 '세포내효소細胞內酵素 |endoenzyme|'와 미생물이 분비한 '세포외효소細胞外酵素 |exoenzyme|'를 말한다. 따라서 효소갈변|효소작용|은 찻잎 또는 미생물의 효소가 페놀|phenol|물질과 만남으로써 생기는 갈변현상이다.

그러나 일부 차 학자들은 차학에서 말한 '효소'란 오로지 찻잎 속의 효소이며, 미생물이 분비한 체외효소는 포함하지 않아야 옳다는 주장을 편다. 이에 관한 부연 설명은 '비효소갈변'에서 재차 논할 것이다.

찻잎의 화학성분 중 갈변을 일으키는 중요한 물질은 페놀물질이다. 페놀물질은 효소 가운데 특히 산화효소와 반응하면 곧바로 산화작용을 일으켜 찻잎을 갈변시킨다.

그러나 페놀물질은 찻잎의 세포 속에 있는 반면, 효소는 엽록체 속에 있어 두 물질은 세포막에 의해 격리되어 자연 상태에서는 서로 만나지 못한다. 따라서 찻잎의 세포를 인위적으로 파괴할 경우에만 비로소 갈변반응이 일어나게 된다.

차의 가공 공정에서 찻잎의 세포를 인위적으로 파괴하여 강력한 갈변반응을 일으킬 수 있도록 하는 과정이 찻잎 비비기, 즉 '유념揉捻|rolling|' 공정이다. 하지만 앞서 언급했듯이, 녹차의 경우엔 살청 공정에서 효소의 기능이 모두 상실되었기에 찻잎을 아무리 유념해도 변색되지 않는다. 이와는 달리 살청 공정을 하지 않는 홍차일 경우, 찻잎을 위조한 후 바로 유념하기 때문에 찻잎이 쉽게 갈변된 것이다.

찻잎을 딸 때 잎에 상처가 나면 바로 갈변된다. 이 반응을 '효소작용' 또는 '효소갈변'이라고 한다. 차의 과학에서 말한 효소란 '찻잎 속의 효소'와 미생물이 분비하는 효소 즉 '체외효소'를 가리킨다.

차의 변색 즉 '갈변'은 찻잎의 페놀물질이 중심이 되어 '찻잎 속의 효소', '미생물 체외효소' 또는 '공기 중의 산소'로 인해 이루어진 화학반응이다.

찻잎은 효소 없이도 갈변이 된다

찻잎 변색의 원인 즉 차를 가공하는 과정에서 살청 이전의 변색은 찻잎의 효소에 의해 이루어진 것으로 이를 '효소갈변酵素褐變'이라고 한다. 그러나 살청 이후의 변색 가운데 산소로 인해 이루어진 갈변은 '비효소갈변非酵素褐變'이라고 한다.

차가 비효소갈변을 일으키는 주된 요인은 산소로부터 비롯된 것이다. 그러나 일부 차 학자들은 차학에서 말한 '효소'란 "오로지 찻잎 속의 효소 즉 '세포내효소細胞內酵素' 하나이며, 미생물이 분비한 체외효소 즉 '세포외효소細胞外酵素'는 포함되지 않아야 한다"는 주장을 한다.

이들의 논거를 따르면 차의 '효소갈변'은 "오로지 '찻잎의 효소'로부터 비롯되었기에 차의 '비효소갈변'은 미생물이 분비한 체외효소 그리고 공기 중의 산소로부터 비롯된 이 두 가지의 갈변으로 말해야 한다"는 논리다.

오늘날 차 학계에서는 이 두 갈래의 학설이 공존하고 있는 것이 현실이다. 필자도 한동안 차학에서 말한 '효소'란 "오로지 찻잎 속의 효소"라는 주장을 했던 사람이며, 내 저술에서도 그렇게 서술했다. 이후 호남농업대학 차학과 교수이자 중국국정원 원사院士인 류중화劉仲華ㅣ유중화ㅣ의 이론을 따라 살청 이후의 변색 가운데 오로지 산소로 이루어진 갈변만이 '비효소갈변非酵素褐變'이라 정정했다.

'비효소갈변'이란 공기 중의 산소가 차의 페놀물질·비타민 C·알데하이드ㅣaldehydeㅣ류·케톤ㅣketoneㅣ류·지질ㅣlipidㅣ등 성분들과 결합되면서 산화물질을 만들어낸다. 이때의 갈변은 산소로부터 이루어진 것이기에 이를 '비효소갈변'이라고 하며, 차의 저장과정에서 주된 갈변이 바로 여기에 해당된다.

또한 녹차로 우린 찻물을 방치했을 때 수색이 녹색에서 황색·적색·갈색 l밤색 l으로 점차 변하는데, 이 또한 차의 페놀화합물·비타민 C 등의 물질이 비효소갈변 때문에 일어난 현상이다.

지구 상 어느 곳 즉 공기가 있는 곳이라면 반드시 존재하는 생물이 미생물이다. 따라서 공기로부터 비롯된 차의 갈변이 비록 미생물과 함께 진행되었더라도 이때의 비효소갈변의 주체가 산소이므로 차의 학문에서는 이를 '미생물갈변' 또는 '미생물발효'라고 하지 않고 '자연갈변'이라고 한다.

따라서 차의 자연 상태에서 발생된 비효소갈변이 공기 중의 습도·온도·빛·산소·미생물 등이 더불어 이루어낸 결과물일지라도 그 주체가 미생물이 아니기에 이를 '미생물갈변' 또는 '미생물발효'라고 하지 않는 것이다.

이런 종류의 보이차는 대부분 '자연갈변'된 생차이므로 시장에서 이를 '노차老茶' 또는 '노생차老生茶'라고 부른다.

한편 공기 중의 온도와 습도가 높을수록 차의 비효소갈변은 더욱 빨리 진행하게 된다. 그러나 습도가 지나치게 높아 차의 함수량이 13%가 넘으면 차에서는 곰팡이가 생기는데, 이때부터 차의 변화는 '갈변'이 아닌 '부패'의 시발점으로 여긴다.

식품의 변질은 항상 나쁜 것만은 아니다. 의도적으로 바람직한 방향으로 식품의 질을 변화시킨 변질은 좋은 것이며 '보이생차'가 이런 경우다.

그러나 차의 갈변과정에서 발효와 부패의 차이는 '발효'란 당과 같은 탄수화물 중심으로 미생물이 작용하여 식품의 성질을 변화시키는 현상으로, 그 변화가 인체에 유익한 경우를 말한다. 이에 반해 '부패'는 단백질 중심으로 미생물, 특히 혐기성 세균의 번식에 의해 분해를 일으켜 악취를 내고 유해성 물질을 생성하여 인체에 유해한 경우를 말한다.

운남 최대의 티벳사원 송찬림사松贊林寺, 티벳 말로 '쑴첼링 곰파'다. 샹그리라香格里拉에 있는 쑴첼링은 '3명의 신선이 살던 땅'이라는 뜻으로 '작은 포탈라궁'이라 불린다.

고산지대에 살고 있는 중국 유목민족들은 주식인 고기가 위장에 부담이 되어, 소화도 돕고 열량도 높일 수 있는 마실 거리로 차와 야크 기름을 섞어 만든 '수유차酥油茶'를 마신다. 근래 야크 기름 대신 버터를 사용하기도 한다.

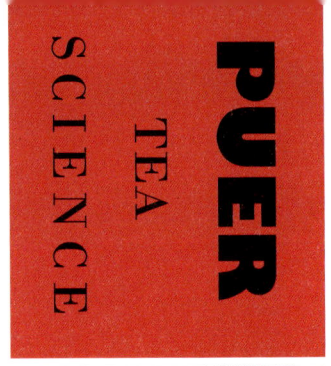

차는 왜 위조하는 것일까

오늘날 대부분 차의 가공 공정은 '위조萎凋|withering|'에서 시작하여 건조를 통해 마무리된다. 위조란 '신선한 찻잎을 적당한 두께로 펼쳐놓아 시들게 함으로써 찻잎의 수분을 일부 증발시키고, 차의 맛과 향을 높이는데 필요한 생화학반응을 일어나게 하는 작업'을 말한다.

즉 고분자인 불용성 다당류와 펙틴 성분들이 위조 공정에서 분해효소의 작용으로 가수분해가 되면 분자가 작은 수용성 당분과 수용성 펙틴 성분이 많아지고 찻물의 농도와 점도를 높여준다. 또한 복잡한 구조를 지닌 일부 에스터형 카테킨이 가수분해가 되면 떫고 쓴맛이 감소되어 차의 감칠맛을 더하게 된다.

이 위조 공정에서의 화학물질 변화는 가수분해와 산화작용을 통해 이루어진 것이지만, 산화작용보다 가수분해작용이 주체가 되어 더 큰 역할을 한다. 따라서 위조 공정에서의 찻잎 변색 즉 갈변은 가수분해가 주가 되어 일어나는 성분 변화다.

앞서 말씀드렸듯이 페놀물질은 찻잎의 세포 속에 있는 반면, 산화효소는 엽록체 속에 있어 두 물질은 세포막에 의해 격리되어 자연 상태에서는 서로 만나지 못한다. 따라서 찻잎의 세포를 인위적으로 파괴할 경우에만 비로소 산화반응이 일어나게 된다.

그러나 찻잎의 세포막은 저분자인 물분자를 통과시키고 고분자인 용질분자는 통과시키지 못하는 이른바 선택적 투과성을 지닌 '반투과성막半透過性膜 |semipermeable membrane|'이다.

따라서 찻잎이 위조 공정에서 가수분해 작용으로 pH의 농도가 산성화되면 미량의 페놀물질이 세포막을 통과하는 현상이 일어난다. 이 현상에서 페놀물질이 산화효소와 만나 반응하면

산화물질이 생성되어 경미한 갈변 즉 '경갈변'을 일으키는 것이다.

위조의 방법으로는 햇볕을 통한 일광위조와 실온에서 하는 실내위조, 그리고 두 가지 방법을 모두 이용하는 복식위조複式萎凋 등이 있다. 이 중 보이차는 찻잎을 따면 바로 살청하지 않고 자연 상태에서 햇볕으로 위조한다.

위조란 '신선한 찻잎을 적당한 두께로 펼쳐놓아 시들게 함으로써 찻잎의 수분을 일부 증발시키고, 차의 맛과 향을 높이는데 필요한 생화학반응을 일어나게 하는 작업'을 말한다.

위조 공정에서의 화학물질 변화는 가수분해와 산화작용을 통해 이루어진 것이지만, 산화작용보다 가수분해작용이 더 큰 역할을 한다. 따라서 위조 공정에서의 찻잎 갈변은 가수분해가 주체가 되어 일어나는 성분 변화다.

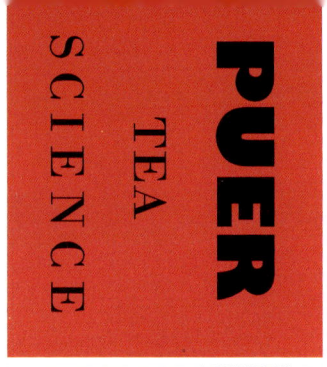

보이차는 반드시 햇볕으로 말려야 한다

차의 정의에 따라 보이차 전문가들은 보이차 제조 공정에서 찻잎을 햇볕으로 말리지 않으면 가짜로 본다. 즉 건조기에서 인공적으로 찻잎을 말리면 가짜로 여기는 것이다.

김치를 만드는 데 없어서는 안 될 고춧가루도 햇볕으로 말린 태양초 고추를 최고로 친다. 고추를 햇볕으로 말리면 '태양초太陽椒', 건조기로 말리면 '건초乾椒', 건조기에 넣었다가 비닐하우스에서 말리면 '반건초半乾椒'라 한다.

이와 마찬가지로 보이차도 찻잎을 햇볕으로 말리면 '쇄청차曬靑茶', 건조기로 말리면 '운남녹차雲南綠茶', 건조기에 넣었다가 비닐하우스에서 말리면 '반쇄청차半曬靑茶'라고 부른다.

태양초로 담근 김치가 맛있듯이, 보이차도 햇볕으로 말린 쇄청차라야 제 맛이 난다. 날씨가 안 좋으면 태양초를 만들기 어렵듯이 쇄청차도 마찬가지다. 중국 운남성의 날씨는 소나기가 자주 온다. 5월부터 11월까지의 우기雨期인 장마철에 특히 심하다.

따라서 1년 중 찻잎을 햇볕에 말릴 수 있는 날은 그리 많지 않을 뿐만 아니라, 햇볕이 좋은 날을 골라 널어놓았다가도 한차례 소나기로 애써 손질한 찻잎을 망치기 일쑤다. 그래서 규모가 큰 가공공장에서는 찻잎을 건조기에 한 번 넣었다가 다시 비닐하우스에서 말리는 이른바 '반쇄청차'를 원료로 쓴다.

보이차의 원재료는 햇볕으로 말린 쇄청차를 쓰는 것이 원칙이나 요즘은 반쇄청차도 원료로 인정한다. 쇄청차의 빛깔은 검은 빛이 도는 어두운 녹색인 반면, 반쇄청차의 빛깔은 이 보다 조록색이 많이 띤다. 건조기로 말린 운남녹차는 옅은 녹색이다.

쇄청차의 대부분은 소작농들이 만든 것이다. 이들은 찻잎을 햇볕에서 말리다가도 비가 오면 불을 때서 말리므로 차에 그을음냄새 · 시골집냄새 · 가축냄새 등이 배어있다. 하지만 이 잡냄새들은 일정 기간 저장과정을 거치면 모두 날아가 없어져 품질에 영향을 주지 않는다.

옛날에 만든 호자급號字級 · 인자급印字級 등으로 불리는 전통 보이차들이 모두 소작농이 만들었음에도 오늘날 아무런 잡냄새가 나지 않는 것이 이를 증명한다.

근래에 공장에서 만든 보이차는 대부분 비닐하우스에서 말린 '반쇄청차'다. 반쇄청차의 빛깔은 검은 빛이 도는 초록색이지만, 소작농이 만든 쇄청차에서 나는 특유의 잡냄새가 없다.

또한 기계식 건조기로 말린 운남녹차는 맛이 깔끔하고 잡냄새가 없지만 보이차라고 부를 수 없다. 운남녹차는 바로 마실 경우 맛은 좋으나 시간이 갈수록 풍미가 떨어진다.

하지만 소작농이 만든 쇄청차는 바로 마시면, 경우에 따라 심한 잡냄새 때문에 역겨울 수가 있으나 저장기간이 길수록 그 진가를 드러낸다.

보이차를 살 때 바로 마실 것인가 저장해 둘 것인가에 따라, 구입하는 초점을 달리해야 하는 이유다.

보이차 원료는 햇볕으로 말린 쇄청차를 쓰는 것이 원칙이나 지금은 반쇄청차도 원료로 인정한다. 근래에 공장에서 만든 보이차는 대부분 비닐하우스에 말린 반쇄청차다.

쇄청차는 대부분은 소작농들이 만든 것이다. 이들은 찻잎을 햇볕에서 말리다가도 비가 오면 불을 때서 말리므로 차에 그을음냄새 · 시골집냄새 · 가축냄새 등이 배어있다.

하지만 이 잡냄새들은 일정 기간 저장과정을 거치면 모두 날아가 없어져 품질에 영향을 주지 않는다.

오늘날 2000년 초에 만든 보이생차 가운데 아직도 그을음냄새 · 시골집냄새 · 가축냄새 등이 남아있으면 고가로 거래되고 있는데, 이는 깊은 산속 소작농이 고수차를 원료로 만들었다는 증표로 삼고 있기 때문이다.

차는 가공방법에 따라
명칭을 정한다

차는 차나무의 새싹과 여린 잎을 원료로 만든다. 차나무에서 채취한 생엽生葉은 가공과정을 거침으로써 상품성을 지니게 되고, 같은 찻잎일지라도 가공방법에 따라 다양한 차를 만들 수 있다. 차는 가공방법과 갈변 정도에 따라 녹차綠茶 | Green tea | · 백차白茶 | White tea | · 황차黃茶 | Yellow tea | · 청차靑茶 | **오룡차**, Oolong tea | · 홍차紅茶 | Black tea | · 흑차黑茶 | Dark tea | 등 여섯 가지로 나눠 이를 '6대차류六大茶類'라고 한다.

6대차류는 1960년대 중국 안휘농업대학安徽農業大學 차학과
茶學科 고故 첸환陳椽|진연| 교수의 이론이며, 1979년 발행된 차
학과 교재『제다학製茶學』에서 최초로 정립된 학문이다.

이후 나의 은사恩師 청치쿤程啓坤|정계곤| 교수가 '6대차류'에
서 '재가공차류再加工茶類|re-processing tea|' 한 가지를 더해
이른바 '7대차류'로 정립했다.

한편 2014년 제정된 <중화인민공화국국가표준中華人民共和
國國家標準 GB/T 30766-2014> 조례에서 '7대차류' 가운데
'재가공차류再加工茶類'를 넷으로 세분해 지금은 '10대차류'로
구분하고 있다.

또한 가공법에 따라 한 번 정한 차의 정의는 영원불변하다는
것이 분류법의 원칙이다. 가공법에 따라 차를 분류해 보면, 갈변
되지 않는 녹차를 '불갈변차不褐變茶|기존의 불발효차|', 아주 약하
게 갈변된 백차를 '약갈변차弱褐變茶|기존의 약발효차|', 경미하게
갈변된 황차를 '경갈변차輕褐變茶|기존의 경발효차|', 일정 정도 갈
변된 청차를 '반갈변차半褐變茶|기존의 반발효차|', 완전 갈변된 홍
차를 '완전갈변차完全褐變茶|기존의 완전발효차|', 악퇴渥堆 공정에
의해 갈변되어 발효된 흑차를 '후갈변차後褐變茶|기존의 후발효차|'
라 하며, '인공쾌속후발효갈변차人工快速後醱酵褐變茶'라고도 한
다.

차의 갈변이 찻잎 효소가 아닌 공기 중의 산소로부터 일어났다면 이 역시 후갈변|기존의 후발효|의 일종이므로 이를 '자연완만갈변차自然緩慢褐變茶' 또는 '자연완만후갈변차自然緩慢後褐變茶'라고 한다.

보이차일 경우 2008년 중국정부 제정한 '보이숙차普洱熟茶'의 정의에 따르면 "보이숙차는 후발효로 만든 산차와 긴압차 등이 있다. '후발효後醱酵'란 인공쾌속발효갈변과 자연완만갈변 등을 모두 지칭한다. 품질의 특징을 보면 외형 색택은 붉은 빛이 나는 갈색|밤색|, 수색은 맑고 투명한 짙은 붉은 색, 우린 잎은 갈색|밤색|을 띠고, 독특한 묵은 향과 두터운 느낌의 단맛이 난다"고 했다.

다시 말해 인공쾌속미생물발효로 만든 보이숙차이든 자연완만갈변으로 변색된 보이노차이든 갈색|밤색|으로 보이는 보이차는 모두 '보이숙차'로 보는 것이 중국정부의 공식입장이다.

차는 어느 공정을 선택하느냐, 또는 같은 공정일지라도 가공의 순서·강약에 따라 다양한 차가 만들어진다. 생엽을 가공하는 첫 번째 공정은 '살청殺靑'과 찻잎을 자연 상태에서 시들게 하는 '위조萎凋' 두 가지로 집약된다.

첫 번째 공정인 '살청'에 이어 찻잎을 비비는 공정인 '유념

揉捻'을 통해 만든 차는 녹차·황차·흑차가 있고, 이와는 달리 '위조'를 첫 번째 공정으로 만든 차는 백차·청차·홍차 등이다.

6대 차류에서의 기본 가공공정과 갈변 정도의 범위는 다음의 표와 같다.

차류	가공공정								갈변정도의 범위 (%)	
	위조	주청	살청	유념	민황	건조	악퇴	악홍		
녹차			◎	◎		◎			비발효 비갈변	10%이하
청차	◎	●	◎	◎		◎			반발효 반갈변	15~70%
황차			◎	◎	●	◎			경발효 경갈변	10~25%
백차	◎					◎			약발효 약갈변	5~15%
홍차	◎			◎		◎		●	전발효 전갈변	70~95%
흑차			◎	◎		◎	●		후발효 후갈변	80~98%

● – 해당 차류의 특수공정

오늘날 녹차의 가공에서 찻잎을 채취 후 바로 살청을 하지 않고 생엽을 얇게 펼쳐 일정한 시들리기 공정을 통해 차의 색·향·미를 높이는데, 이 공정을 '탄방攤放'이라 한다.

학술관점에서 볼 때 탄방은 일종의 가벼운 위조 즉 '경위조輕萎凋'이므로, 이 공정에서 나타나는 이화학적 변화는 위조의 원리와 동일하다. 다만 일반위조와 다른 점은 실외에서 하지 않고 실내에서만 이루어지며 진행 시간과 강도가 다르다.

가공법에 따른 6대차류에서 녹차의 가공은 '살청'과 '유념' 그리고 '건조' 등 세 가지를 필수 공정으로 여긴다. 그러나 녹차의 정의에선 '탄방' 공정은 필수가 아닌 선택 사항으로 여기고 있다. 이는 일본의 증청녹차인 전차煎茶의 경우 진한 녹색을 좋은 상품으로 여겨 일반적으로 탄방하지 않기 때문이다.

오늘날 6대차류에서 대부분 찻잎을 따면 먼저 '탄방攤放'을 한다. 탄방을 거친 찻잎은 감칠맛이 더 하는데, 이는 탄방 과정에서 분자가 큰 단백질 성분이 가수분해가 되면 작은 분자인 수용성 아미노산 성분으로 분해 되어 감칠맛을 더 해주기 때문이다. 또한 분자가 큰 향기 성분도 가수분해가 되어 작은 분자로 분해되면 찻잎의 모세혈관을 통과할 수가 있이 향기를 더해준다.

녹차의 제다과정에서 일반적으로 '탄방攤放'과 '탄량攤凉'을 혼용하는 경우가 많다. 다만 살청 후의 찻잎을 넣어 식히는 작업에서는 '탄량攤凉'으로 말해야 옳다. 이는 한자에서 '량凉'의 풀이가 서늘하다의 뜻을 담고 있기 때문이다.

녹차의 유념 공정은 여러 차례 진행하면서 완성한다. 반면에 보이차의 유념은 한 번으로 끝내는 것이 녹차와 다르다.

가마솥으로 찻잎을 덖는 소작농은 손으로 유념하며 비빈 반면, 살청기로 덖는 공장에서는 살청엽을 일단 식힌 후 유념기로 비비고 햇볕으로 말린다. 이렇게 만든 초벌차를 가리켜 '쇄청차' 또는 '쇄청모차'라고 한다.

차의 성분 삼총사

차 학계에선 카테킨·아미노산·카페인을 가리켜 '차의 성분 삼총사'라고 한다. 이 중에서도 주요물질을 꼽으라면 카테킨과 아미노산이다. 차의 감칠맛을 내는 성분이 '아미노산 |amino acid|'이다. 아미노산은 단백질 구성의 기초물질이다.

단백질은 분자의 크기가 커서 물에 녹지 않는 지용성脂溶性 성분이다. 이 단백질이 가수분해加水分解가 되면 분자가 작아져 일부가 수용성 아미노산으로 바뀌어 차의 감칠맛을 더해준다. 아미노산은 물에 잘 녹는 수용성水溶性이다. 따라서 6대차류 중 그 어느 종류의 차에서도 아미노산 성분은 많을수록 품질에 긍정적 영향을 준다.

아미노산은 질소화합물이다. 아미노산은 차나무의 품종 · 채엽시기 · 질소시비窒素施肥 · 차광遮光유무 · 잎의 여린 정도 등의 조건에 따라 함량이 달라진다. 일반적으로 여린 잎일수록 아미노산의 함량이 높고, 잎의 위치가 아래로 내려 갈수록 함량이 낮다. 또한 대엽종보다 소엽종에서 함량이 높다.

아미노산과 티 폴리페놀의 대사代謝에는 밀접한 상관관계가 있다. 차광시설을 통해 찻잎의 일조량을 줄이게 되면 아미노산 함량이 증가하고 티 폴리페놀 함량은 감소된다. 학자들은 이 두 성분의 상호제약相互制約을 통한 신진대사를 차나무의 특성으로 여기고 있다.

아미노산 가운데 감칠맛에 영향을 주는 핵심 성분은 '테아닌 |theanine|'이다. 테아닌 함량은 녹차 품질과 밀접한 관계가 있어 둘의 상관계수가 0.787~0.876% 정도로 높다. '상관계수相關係數'란 두 성분 사이의 상관관계 정도를 나타낸 수치를 말하며,

이 수치가 높을수록 중요하다는 의미를 가진다.

테아닌은 아미노산 전체 성분 중 50% 이상을 차지하고 있다. 특히 지구 상에 존재하는 식물 중 차나무에만 대량으로 함유되어 있어 오늘날 차를 대표하는 상징물질로, 카테킨 다음으로 주목받고 있다.

찻잎의 테아닌 함량은 첫물차에 많고 두물차, 세물차로 내려갈수록 적어진다. 또한 여린 싹보다 여린 줄기에 테아닌의 함량이 많다.

'카페인 |caffeine|'은 흥분작용을 일으키며 잠을 쫓아 정신활동을 높이는 알칼로이드의 일종이다. 일상생활에서 별도로 섭취하지 않아도 성인 하루 권장량인 400mg을 충족할 수 있다. 이 카페인은 현대인들에게 중독성 물질로서 기피해야할 성분으로 인식되고 있으나, 식품의 입맛을 당기게 하는 주요 성분이 바로 카페인이다.

최근 일부 상품에서 건강을 앞세워 카페인을 제거한 이른바 '디카페인 |decaffeinated|' 커피·콜라·차 등을 시장에 내놓았으나, 밍밍한 맛 때문에 좋은 반응을 얻지 못하는 것은 카페인의 중독성을 지닌 자극성, 즉 구미口味를 당기는 맛이 덜하기 때문이다.

찻잎이 함유한 핵심 성분 중에서 가장 중요한 화학물질이 폴리페놀화합물이다. 페놀물질 분자 속에 두개 이상의 수산기를 가지면 한자로 '다가多價', 영어로 '폴리'라고 한다. 수산기가 두 개 이상인 '다가페놀'을 '폴리페놀'이라 부른다.

폴리페놀이란 녹색식물이 광합성작용을 할 때 생성된 당분의 일부가 변화한 2차대사물질이다. 햇빛을 받았을 때 생성되며, 일조량을 많이 받을수록 찻잎의 폴리페놀 함량은 높아진다.

찻잎의 갈변에 관여하는 주성분은 폴리페놀의 일종인 카테킨이다. 카테킨의 본래의 색은 무색이지만 효소 또는 산소에 의해 산화되면 점차 짙은 색으로 변하게 된다.

카페인은 현대인들에게 중독성 물질로서 기피해야할 성분으로 인식되고 있다. 식품의 입맛을 당기게 하는 주요 성분이 바로 카페인이다.

카페인은 질소화합물이다. 순수 카페인은 흰색 분말 또는 부드러운 침상형태이며, 찻잎이 여릴수록 함량이 높다.

카페인은 알칼로이드의 일종이며, 승화하는 성질을 가지고 있다. '승화昇華'란 어떤 물질이 고체로부터 액체단계를 거치지 않고, 직접 기체로 변화하는 현상을 말한다. 따라서 대부분의 차류茶類에서 가공 후의 카페인 함량은 낮게 나타난다.

차의 품질 우열은 탄소율이 결정한다

찻잎의 유기물질은 일반적으로 질소|N|를 함유한 '질소화합물窒素化合物|nitrogen-containing compound|'과 질소를 함유하지 않은 '탄수화물炭水化物|carbohydrate|'로 분류된다. '질소화합물'에는 단백질·아미노산·카페인 등이 있으며, '탄수화물'에는 당질·페놀화합물·전분·섬유소·유기산 등이 있다. 이 두 종류 물질의 총량 비율을 탄소율炭素率|carbon-nitrogen ratio|이

라 하며 C/N |탄소/질소 비율|로 표시한다. 예를 들어 C/N비율이 2라면 탄소 양이 질소보다 2배가 많다는 뜻이다.

차의 품질은 차나무 체내에 탄소와 질소의 대사代謝가 얼마나 조화롭게 이루어졌느냐에 따라 결정된다. 일반적으로 찻잎의 탄소 함량은 11%, 질소 함량은 5% 정도이며, C/N 비율의 수치는 2~3으로 표시한다.

탄소와 질소의 물질대사에 영향을 미치는 인자는 온도· 빛·수분·토양·위도·해발 등이며, 찻잎의 품질 우열은 바로 이들 요소에 의해 결정된다.

질소화합물의 대표적 물질이 아미노산인 반면 탄수화물의 대표적 물질은 티 폴리페놀이다. 찻잎의 탄소와 질소대사에 미치는 온도의 영향에서 두 물질의 비례는 항상 반비례로 나타난다. 10~35℃ 범위 내에서 온도가 상승하면 아미노산 함량은 점차 낮아지고 티 폴리페놀 함량은 점차 증가한다.

강우량 못지않게 식물 재배에 중요한 인자가 공기 중의 습도다. 아열대성 식물인 차나무 생육에 적합한 습도는 80~90%이다. 만약 습도가 60%보다 낮으면 차나무 탄소 축적에 악영향을 주며, 40%보다 낮으면 생육에 결정적 손상을 입힐 수 있다.

적절한 습도는 두 가지 측면에서 차나무에 유리하다. 차나무의 열 증발 속도를 유지시켜 찻잎 생산량 및 품질을 높이는 것과 일부 직사광을 산광散光으로 바꿔줌으로써 고온으로부터 오는 엽면葉面의 손상을 예방하여 차 품질에 기여한다.

토양의 화학적 성질 중 가장 쉽게 관측되는 특성 하나가 수소이온농도인 pH다. 차나무의 가장 적합한 토양의 pH는 일반적으로 4.5~6.0이며, pH가 5.0~5.5일 때 가장 좋은 품질의 찻잎을 얻는다. 그러나 pH가 4.0보다 낮거나 혹은 6.5보다 높으면 엽록소 형성에 악영향을 주어 잎사귀가 누렇게 되거나 심하면 고사하기까지 한다. 연구에 따르면 토양 pH가 5.0~6.0일 때 티 폴리페놀·카테킨·아미노산 등의 함량이 가장 높다. 특히 테아닌 함량은 pH가 6.0~6.5일 때 가장 많아지는 것으로 나타났다. 또한 부식질腐植質 많은 사질砂質 토양에서는 아미노산, 점토질粘土質 토양에서는 티 폴리페놀의 함량이 높다.

고산 지역 차밭은 충분한 강우량으로 운무雲霧가 많고 습도가 높아 비옥한 토양으로 이루어졌다. 연구에 따르면 찻잎의 티 폴리페놀과 카테킨 함량은 고도가 높아질수록 줄어든 반면 아미노산은 늘어난 것으로 나타났다. 따라서 고산 지역에서 자란 찻잎이 여리고 두툼한 것은 질소화합물의 합성과 축적에 유리하기 때문이다.

고산지역 차밭은 충분한 강우량으로 운무가 많고 습도가 높아 비옥한 토양으로 이루어졌다.

운무는 차나무의 열 증발 속도를 유지시켜 찻잎 생산량 및 품질을 높이는 것과 일부 직사광을 산광으로 바꿔줌으로써 고온으로부터 오는 엽면의 손상을 예방하여 차 품질에 기여한다. 따라서 적절한 습도는 두 가지 측면에서 차나무에 유리하다.

차나무 재배에 적합한 지역의 연 강우량은 1,000mm 이상 되어야 한다. 그러나 이상적인 연 강우량은 1,500mm 이상이다. 이는 차밭에 1년간 소모되는 수분이 1,300mm 정도이기 때문이다.

보이차의 후운은 운남대엽종에서 나온다

대부분 차나무 원산지의 생육환경은 따뜻하다. 고온다습高溫多濕한 열대 지역에서 자란 차나무는 강한 일조량에 적응되어 나무 둥치가 굵고 키와 잎이 큰 교목대엽종喬木大葉種이며, 상대적으로 추운 온대지방의 차나무는 추위와 햇빛 부족 그리고 가뭄에 견딜 수 있도록 키가 작은 관목소엽종灌木小葉種으로 진화했다. 이 두 지역 사이에 위치한 아열대지역에서 자란 차나무는 반교목半喬木 중대엽종中大葉種의 형태를 보인다.

이렇게 다른 생육환경에서 자란 찻잎은 함유 성분 또한 차이가 있어, 찻잎이 지닌 특징과 효능 즉 차의 참맛을 극대화하기 위해 인류는 다양한 가공법을 개발해왔다.

예를 들면, 열대 지방의 대엽종 찻잎에는 떫은맛을 내는 카테킨 성분이 많아 찻잎을 완전 또는 일부를 갈변시켜 차의 원료로 삼고, 온대지방의 소엽종은 감칠맛을 내는 아미노산 성분이 많기에 갈변을 중지시켜 녹차의 원료로 이용하는 등, 가공방법에 따라 녹차·백차·황차·청차·홍차·흑차 등 다양한 차를 만들고 있다.

어떤 찻잎이 어떤 종류의 차를 만드는 데 적합한가를 판단하는 기준은 찻잎이 지닌 화학성분과 밀접한 관계가 있다. 차의 주요성분이 '티 폴리페놀'과 '아미노산'인데, 일반적으로 티 폴리페놀 함량이 높고 아미노산과의 비례수치가 적은 대엽종은 품질 좋은 갈변차의 원료가 된다. 반면 아미노산 함량이 높고 티 폴리페놀의 비례수치가 적은 소엽종은 양질의 녹차를 만들 수가 있다.

또한 차의 품질을 결정하는 가장 중요한 기준은 우려낸 찻물의 농도와 맛의 조화다. 차 학계에서는 차의 성분 중에서 뜨거운 물에 녹는 물질을 '수침출물水浸出物|water extract|'이라 한다.

차가 지닌 조화로운 맛이란 바로 이 수침출물의 짜임새와 조밀감稠密感에 따라 좌우된다. 차 맛이 두텁다, 싱겁다는 표현도 이를 두고 하는 말이다.

보이차의 경우에는 수침출물의 농도가 35%를 넘어야 비로소 조화로운 풍미를 느낄 수 있다. 특히 티 폴리페놀의 함량이 매우 중요한데, 티 폴리페놀의 함량이 28%를 넘어야 보이차 고유의 참맛이 나고 저장할수록 두툼한 맛을 낼 수가 있는데, 이 수치는 운남대엽종雲南大葉種으로 만든 보이차에서만 가능하다.

보이차의 원료는 일반 흑차의 쇤 잎과는 달리 차나무 새 가지 여린 잎을 주로 쓴다.

많은 이들이 야생차를 판별할 때 고차수의 찻잎 크기와 두께를 두고 진위를 가린다. 이 방법은 어디까지나 하나의 판단 기준일 뿐 절대적인 것은 아니기에 맹신해서는 안 된다.

아래의 사진에서 볼 수 있듯이 바구니 안쪽과 바깥쪽의 찻잎을 비교할 때 어느 쪽이 야생차인지 한눈으로서는 알 수가 없다. 대지차도 찻잎을 가지런히 딸 경우 야생차와 큰 차이가 없다는 점을 이 사진에서 말해주고 있다.

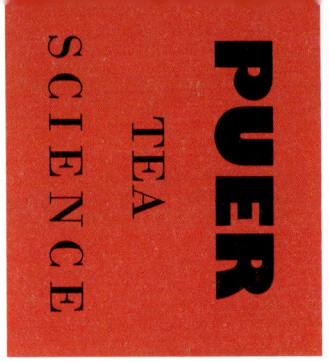

페놀 폴리페놀 티폴리페놀 그리고 카테킨

찻잎이 함유한 핵심 성분 중에서 가장 중요한 화학물질이 티 폴리페놀화합물이다. 페놀 Iphenol은 벤젠고리 IC6H6I의 수소 중 하나가 수산기 I-OHI로 치환된 물질을 말하는데, 분자 속에 두 개 이상의 수산기를 가지면 한자로 '다가多價', 영어로 '폴리Ipoly I'라고 한다. 그래서 수산기가 두 개 이상인 '다가페놀'을 '폴리페놀 Ipolyphenoll'이라 부른다.

폴리페놀이란 녹색식물이 광합성작용을 할 때 생성된 '1차 대사산물代謝産物'인 당분의 일부가 변화한 '2차대사산물'로, 햇빛을 받았을 때 생성되는 물질이다. 일조량이 많을수록 찻잎의 폴리페놀 함량은 높아진다.

한편 광합성이나 호흡같이 식물의 생명 유지에 반드시 필요한 대사를 '1차대사'라 하며, 이 때 관여하는 탄수화물·지방·단백질 같은 물질을 '1차대사산물'이라고 한다. 반면, 식물은 생명유지에 직접적인 역할을 하지 않으나 특정 기능이 있는 물질을 생산하는데, 이와 관련된 대사과정을 '2차대사'라 하며, 2차대사과정을 거쳐 생성된 물질들을 '2차대사산물'이라고 한다. 따라서 폴리페놀는 당과 함께 탄수화물로 분류되어 있다.

일반 식물계의 페놀화합물은 수천 종류가 있으나 차에는 그 중에서 30여 가지만 존재한다. 차 학계에서는 일반 식물의 폴리페놀과 구별하기 위해 차의 폴리페놀을 '티 폴리페놀ㅣtea polyphenol, TPㅣ' 한자는 '차다분茶多酚'이라 한다. '분酚'은 페놀을 말한다.

30여 가지의 티 폴리페놀 중에서 함량의 합이 80%를 넘은 성분은 4종류에 불과하다. 이 중에서 가장 많은 성분이 '카테킨ㅣcatechinsㅣ'이다. 전체 함량 중 70% 이상을 차지하고 있다. 카테긴은 차의 품중에 따라 최고 80%, 최저 50%의 함유량을 보이고, 마른 잎에는 12~24% 정도가 들어있다.

지금까지 찻잎에서 밝혀진 카테킨은 모두 12가지다. 이 중에서 함량이 많은 것이 카테킨(catechin)·에피카테킨(epicatechin)·갈로카테킨(gallocatechin)·에피갈로카테킨(epigallocatechin)·에피카테킨갈레이트(epicatechingallate)·에피갈로카테킨갈레이트(epigallocatechingallate) 등 6가지다.

또한 분자구조에 따라 간단한 구조를 가진 카테킨|C|·에피카테킨|EC|·갈로카테킨|GC|·에피갈로카테킨|EGC| 등 4가지를 '간단카테킨|simple catechins|'이라 하고, 복잡한 구조를 가진 에피카테킨갈레이트|ECG|·에피갈로카테킨갈레이트|EGCG| 등 2가지를 '복잡카테킨|complex catechins|'이라 한다.

분자구조가 간단한 원시 형태의 카테킨은 유리遊離된 형태여서 '유리형 카테킨|nonester type catechins|'이라고도 한다. 반면 분자구조가 복잡한 진화 형태의 카테킨은 에스터 형태를 띠고 있어 '에스터형 카테킨|ester type catechins|'이라 부른다.

차에 함유된 카테킨의 양을 살펴보면, 복잡한 구조를 가진 진화한 형태의 에스터형 카테킨이 많고, 간단한 구조를 가진 원시 형태의 유리형 카테킨이 적다. 이 중에서 복잡형 카테킨인 EGCG가 전체 카테킨 중 절반 이상을 차지하는 반면, 간단형 카테킨인 EC·GC의 함량이 가장 적다.

카테킨은 차의 품종·계절·재배·잎의 여린 정도 등의 조건에 따라 함량이 다르다. 카테킨 함량은 소엽종보다 대엽종이 많으며, 봄철의 찻잎보다 여름철의 찻잎에서 함량이 높다. 또한 찻잎의 성장에 따라 복잡한 에스터형 카테킨의 함량이 증가하는 반면, 간단한 유리형 카테킨의 함량은 낮아진다.

중국 절강대학교 차학과 고故 양시앤창楊賢强 | 양현강 | 교수는 베트남 화교로서 중국 차과학 가운데 '티폴리페놀 | 茶多酚 | '을 전문적으로 연구한 학자다.

그가 저술한 『차다분화학茶多酚化學, 2003』은 카테킨을 연구하는데 필독해야할 서적이며, 중국학계에서 그는 '카테킨의 아버지'로 불린다.

카테킨은 분자구조에 따라 간단한 구조를 가진 카테킨(C)·에피카테킨(EC)·갈로카테킨(GC)·에피갈로카테킨(EGC) 등 4가지를 '간단카테킨'이라 한다.

카테킨은 일조량 즉 햇빛 쐬기에 따라 간단형에서 복잡한 형태로 진화한다. 그래서 땅 밑 부분의 차나무 기둥에서는 간단형 카테킨인 'C'만이 발견된다.

카테킨 (C)
- 간단카테킨 -

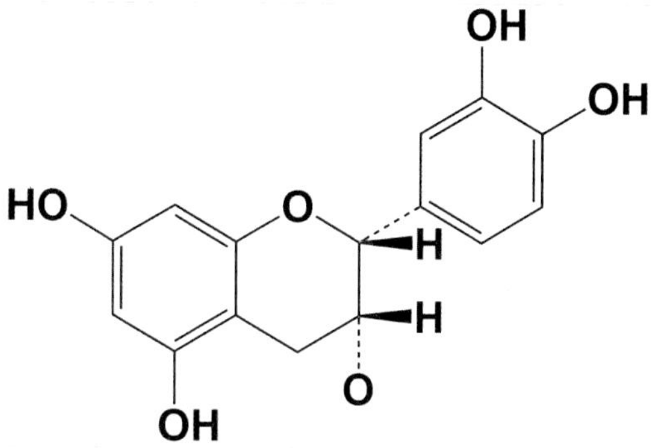

에피카테킨 (EC)
- 간단카테킨 -

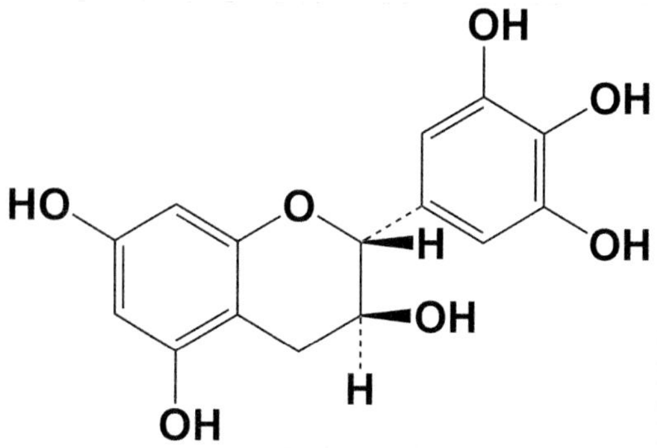

갈로카테킨 (GC)
- 간단카테킨 -

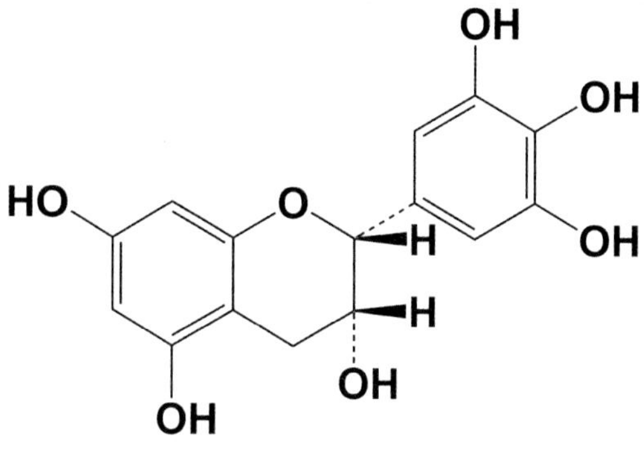

에피갈로카테킨 (EGC)
- 간단카테킨 -

복잡한 구조를 가진 에피카테킨갈레이트(ECG)·에피갈로카테킨갈레이트(EGCG) 등 2가지를 '복잡카테킨'이라 한다.

차나무는 나뭇가지 쪽으로 올라 갈수록 카테킨의 구조는 진화되고 복잡해진다. 따라서 햇빛을 많이 받은 싹과 잎에서 복잡구조를 지닌 'EGCG'의 함량이 가장 높다.

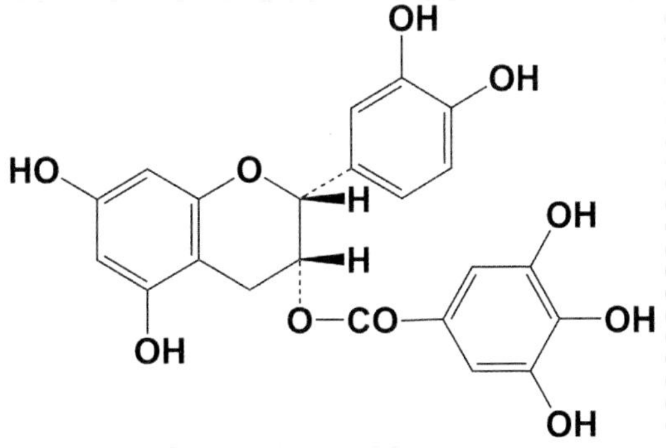

에피카테킨갈레이트 (ECG)
- 복잡카테킨 -

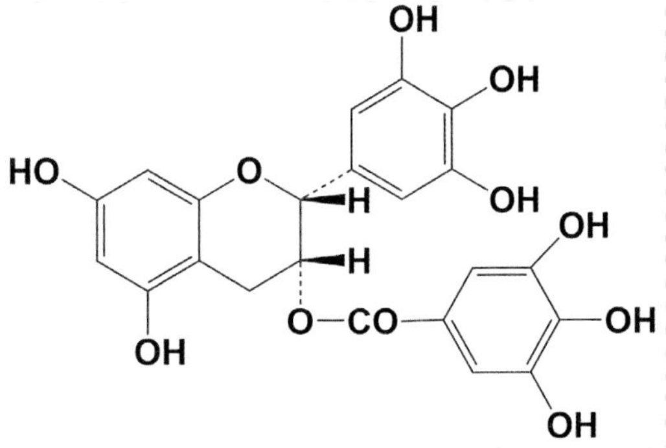

에피갈로카테킨갈레이드(EGCG)
- 복잡카테킨 -

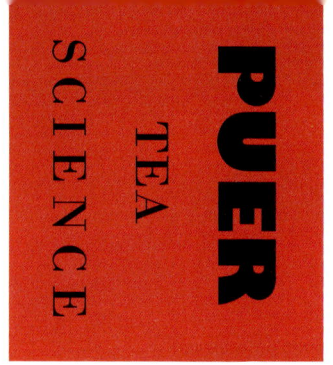

자연카테킨 1차카테킨
산화카테킨 2차카테킨

찻잎의 갈변에 관여하는 주성분이 카테킨이다. 카테킨의 본래색은 무색이지만 효소 또는 산소에 의해 산화되면 점차 짙은 색으로 변하게 된다. 무색의 카테킨이 산화되면 먼저 황색으로 변하고, 이때의 이름이 '테아플라빈 |theaflavin, TF|'이다. 황색의 테아플라빈이 한 단계 더 산화·중합되면 적색으로 변하며, 이를 '테아루비긴 |thearubigin, TR|'이라고 한다. 적색의 테아루비긴

이 더 산화·중합되면 갈색 |밤색|으로 변하며, 이를 '테아브로닌 |theabrownine, TB|'이라고 부른다. 이 3색소를 '홍차 3색소'라고도 일컫는다.

'중합重合|polysynthetic|'이란, 같은 화합물의 분자 두 개 이상이 결합하여 분자량이 큰 다른 화합물로 만들어지는 것을 말한다. 이 반응으로 생성된 화합물을 '중합체重合體'라 한다.

결과적으로 차가 갈변되는 과정에서 황색·적색·갈색 |밤색|으로 변하는 것도, 또 산화의 정도에 따라 색상이 짙어지는 것도, 대부분 카테킨의 변화로부터 생긴 것이다.

그래서 차 학계에서는 산화되지 않는 무색 형태의 카테킨을 '자연 카테킨' 또는 '1차 카테킨'이라고 하고, 산화된 유색 형태의 카테킨을 '산화 카테킨' 또는 '2차 카테킨'이라고도 부른다.

카테킨의 최종 산화물은 갈색 |밤색|으로 보이는 '테아브로닌'이다. 테아브로닌은 카테킨이 산화과정에서 고분자인 단백질·다당류·핵산류 등의 물질과 산화·중합반응을 일으켜 형성된 일종의 고분자 복합물이다. 차학계에서는 분자가 가장 큰 테아브로닌을 가리켜 '고분자 중합체'라고 한다.

보이숙차普洱熟茶의 품질을 결정하는 색·향·미 그리고 보이숙차가 인체의 건강에 좋다는 성분의 주체가 바로 테아브로닌이다.

한편 산화카테킨 가운데 '홍차 3색소'라고 일컫는 황색 '테아플라빈|theaflavin, TF|'의 한자는 '차황소茶黃素', 적색의 '테아루비긴|thearubigin, TR|'는 '차홍소茶紅素', 갈색의 '테아브로닌|theabrownine, TB|'은 '차갈소茶褐素'이라 한다.

무색의 카테킨이 산화되면 먼저 황색으로 변하고, 이때의 이름이 '테아플라빈'이다.
황색의 테아플라빈이 한 단계 더 산화 · 중합되면 적색으로 변하며, 이를 '테아루비긴'이라고 한다.
적색의 테아루비긴이 더 산화 · 중합되면 갈색 |밤색 |으로 변하며, 이를 '테아브로닌'이라고부른다.
차가 발효되는 과정에서 황색 · 적색 · 갈색 |밤색 |으로 변하는 것도, 또 산화의 정도에 따라 색상이 짙어지는 것도, 대부분 카테킨의 변화로부터 생긴 반응이다.

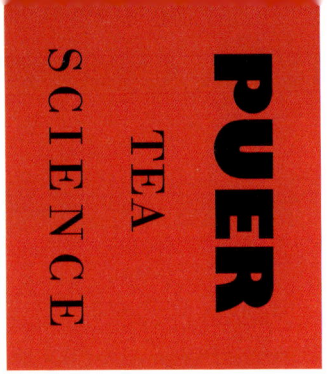

인공쾌속발효갈변차
자연완만갈변차

차를 과학적으로 분류할 때 '미생물발효차'란, 찻잎을 고온다습한 환경에 쌓아두는 과정에서 미생물이 생장·번식하면서 만들어진 차를 가리킨다. 미생물의 번식과 생장은 가공원료의 수량, 그리고 온도·습도·pH 수치 등 가공환경 조건에 따라 달라진다. 차를 최소 10톤 이상 쌓아두는 공정을 '악퇴渥堆'라고 한다. 여기서 '악渥'은 두터울, '퇴堆'는 쌓는다의 뜻이다.

그래서 '악퇴'는 미생물 발효를 위해 차를 고온다습한 환경에 두텁게 쌓아 갈변하는 과정을 뜻한다. 이렇게 많은 양의 차를 쌓아두는 까닭은, 퇴적한 양이 많을수록 유익한 미생물이 많이 번식하고, 이때 발생하는 열은 찻잎의 온도를 높이는 순기능을 하기 때문이다.

미생물발효갈변차는 빠른 속도로 인공 갈변을 해서 만든 차이기에 '인공쾌속발효갈변차'라고도 한다. 이에 속하는 차는 '흑차'가 유일하다. 다시 말해 6대차류에서 미생물발효갈변차라고 부를 수 있는 유일한 차류茶類가 바로 악퇴 공정을 거쳐 만든 흑차다.

미생물발효갈변과정을 거쳐 만든 흑차의 품질의 좋고 나쁨은 악퇴 공정에 달렸다. 오늘날 가장 각광받고 있는 흑차가 보이차다. 보이차를 미생물발효갈변차라고 부르는 까닭은 보이차 종류 중에 악퇴 공정으로 만든 차가 있기 때문이다. 시장에서 이런 종류의 보이차를 '숙차熟茶'라 부른다. 정확한 명칭은 '미생물숙차' 또는 '미생물발효숙차'다.

반면에 6대 차류에서 흑차 이외의 차류茶類 즉 녹차 · 백차 · 황차 · 청차 · 홍차 등은 악퇴 공정을 거치지 않아 미생물과 관계없이 효소의 작용으로 갈변된 것으로 '효소갈변차', 또는 '갈변차'라고 한다. 이 중 녹차는 살청 공정으로 효소의 기능을 처음부터 불활성하여 만들었기에 이를 '불갈변차不褐變茶' 또는 '비갈변차非褐變茶'라고 한다.

　미생물은 '보이지 않는 권력자'로서 지구 상 공기가 있는 곳이면 어느 곳에서도 존재한다. 차의 표면에 또는 생엽 상태에서도 각종 미생물들이 붙어 있다. 또한 홍차의 '악홍渥紅|**기존의 발효**|' 가공은 고온다습한 환경에서 장시간 갈변되기 때문에 미생물이 가장 많이 발견된다. 황차도 가공과정에서 찻잎을 퇴적하여 '민황悶黃' 공정을 거치기에 미생물이 존재한다. 하지만 차 학계에서 홍차 또는 황차를 미생물발효차라 하지는 않는다.

　일례로, 황차는 퇴적한 양이 흑차보다 적고 가공시간도 짧아, 찻잎의 온도가 높지 않은 상황에서 미생물의 활성이 매우 낮아, 차 성분 변화에 큰 영향을 미치지 않기 때문이다.

　보이차 악퇴의 퇴적 단위는 10톤 이상이어야만이 유익한 미생물이 대량 번식되어 품질을 높여준다. 이는 퇴적한 찻잎이 많을수록 유익한 미생물이 많이 번식되고, 생물체 호흡으로 발생된 열량은 찻잎의 온도를 더욱 높이는 순기능을 갖기 때문이다.

　반면, 황차의 퇴적에서 보인 미생물의 효소 활성은 보이차의 미생물과는 달리 그 활성이 매우 낮다. 이는 황차의 퇴적 양이 보이차보다 적을 뿐만 아니라 가공시간도 짧아, 엽온이 높지 않은 상황에서 생성된 미량의 미생물은 성분 변화에 크게 영향을 주지 못하기 때문이다. 따라서 황차의 갈변 주체는 미생물이 아닌 습열작용濕熱作用에 의한 가수분해와 이성질화異性質化작용이다.

따라서 차 학계에서 말하는 '미생물발효차'란 미생물의 유무보다 찻잎 갈변의 주체가 미생물일 경우에만 해당된다.

중국국가표준 차의 정의〈GB/T 30766-2014〉에서 " '황차'는 차나무의 싹·잎·여린 줄기를 원료로 살청, 유념, 민황, 건조 등 공정을 거쳐 만든 제품이고, '흑차'는 차나무의 싹·잎·여린 줄기를 원료로 살청, 유념, 악퇴, 건조 등 공정으로 만든 제품"이라고 정의하고 있다.

황차와 흑차의 두 공정에서 차이가 있다면 황차는 '민황悶黃', 흑차는 '악퇴渥堆' 공정만이 다르다.

그럼에도 황차는 '경갈변輕褐變', 흑차는 '후갈변後褐變' 또는 '후발효後醱酵'로 분류한 것은 똑같은 퇴적이라도 퇴적의 양에 따라 황차의 갈변은 '습열작용濕熱作用', 흑차의 갈변은 '미생물작용'이므로 차의 과학에서 갈변의 주체가 다르면 모든 기준이 다르게 분석되기 때문이다.

보이생차普洱生茶의 초벌차는 녹차 가공과정의 일종이므로 살청·유념·건조 등 공정을 거쳐 만든다. 녹차의 건조 공정에서 찻잎이 햇볕으로 말렸으면 '쇄청녹차曬青綠茶', 덖음 또는 굴림통 방식으로 말렸으면 '초청녹차炒青綠茶', 열풍으로 건조하는 홍건烘乾 방식으로 말렸으면 '홍청녹차烘青綠茶'라고 한다.

중국의 국가표준규정에 따라 보이차의 건조 공정은 반드시 햇볕으로 말려야 한다. 이 초벌차를 '쇄청차曬青茶' 또는 '선청滇青'이라 부른다. '전滇'은 중국 운남 지방의 약칭이다. 이 '쇄청차'를 덩어리 형대로 눌러 만들면 보이생차가 된다.

앞서 얘기 했듯이 보이생차의 갈변은 저장과정에서 일어난 것이다. 즉 저장과정 중 보이차의 페놀화합물·비타민 C 등의 물질이 공기 중의 산소와 만나 점차적으로 변색된 것이므로, 이를 두고 차 학계에선 '비효소갈변|비효소작용|' 또는 '자연갈변'라고 한다.

따라서 같은 갈색|밤색|으로 보이는 '보이숙차普洱熟茶'일지라도 그 갈변 현상이 폴리페놀화합물이 주체가 되어 '인공쾌속발효갈변차'일 경우는 미생물, '자연완만갈변차' 즉 노생차일 경우는 산소에 의한 결과물이다.

찻잎의 변색을 머리염색약에 비유해보면, 머리염색약은 염모제와 산화제 두 종류의 약제가 혼합됨으로써 변색작용을 일으킨다. 만약 산화제 없이 염모제 하나로만 머리염색을 한다면 두 약제를 섞는 것보다 몇 배 또는 수십 배의 시간이 더 필요할 것이다. 염모산화제의 주성분은 과산화수소過酸化水素|hydrogen peroxide|이다. 과산화수소는 강한 산화성을 지녔기에 촉매제라고도 불려진다.

최근 '자연갈변'을 일으키는 원리로 새치나 흰 머리 등 노화 모발 관리에 필요한 염색제가 소비자들에게 큰 호응을 얻고 있다. 이런 종류 염색제의 특징은 화학 산화제를 사용하지 않는다에 있다. 논리는 사과 또는 바나나에 있는 폴리페놀 효소가 공기 중의 산소와 만나 생기는 '갈변현상' 즉 자연 원리의 갈변을 응용한 것이다. 이는 폴리페놀 물질이 모발 단백질 표면에 흡착,

공기 중 산소와 접촉해 시간이 갈수록 모발을 흑갈색으로 염색하는 신개념의 샴푸형 염색제다.

머리염색제를 찻잎의 변색과정에 적용해보면, 염모제는 '티 폴리페놀물질', 산화제는 '산화효소'가 된다. 찻잎의 티 폴리페놀물질이 산화효소를 만나면 일반 화학 염색제처럼 바로 갈변된다. 그러나 산화제격인 효소가 없다면 공기 중의 산소로만 갈변되기 위해선 시간이 수십, 수백 배 더 걸리는 이치와 같다.

사과 또는 바나나에 있는 폴리페놀 효소가 공기 중의 산소와 만나면 '갈변현상' 일어난다 이 원리를 응용해 폴리페놀 물질이 모발 단백질 표면에 흡착, 공기 중 산소와 접촉해 시간이 갈수록 모발이 점차 흑갈색으로 변해 염색이 된다.

중국 제일 명차라 일컫는 '용정차龍井茶'도 자연갈변의 논리, 즉 저장과정에서 페놀화합물 비타민 C 등의 물질이 공기 중의 산소와 만나 점차적으로 변색되는 '자연완만갈변自然緩慢褐變'을 일으켜 '노용정老龍井'을 만들고 있다.

보이차의 악퇴공법은 실내온도를 25-35℃, 습도를 85% 이상, 약 10톤 이상의 쇄청차이어야 한다. 기간은 퇴적한 양에 따라 다르나 대개 40-70일 정도 걸린다.

보이차의 가공 중 핵심 공정이 '악퇴渥堆'다. 악퇴의 찻잎 임계온도는 60-65℃이다. 이때 찻잎을 한 번 뒤섞어 온도를 내려준다. 이를 '번퇴翻堆'라고 한다.

번퇴 시기를 놓치면, 악퇴 찻잎이 모두 숯검정처럼 타버리는, 이른바 '탄화炭化' 또는 '소심현상燒心現象'이 일어나 차맛이 밍밍해지고 상품성을 잃게 된다.

보이차의 번퇴 횟수는 일반적으로 4번 이상을 원칙으로 한다. 퇴적공정에서의 엽온과 pH 농도, 상대습도 등은 모두 번퇴를 통해 제어해야 품질이 좋아진다.

보이차는 살아있는 것이어서 미세한 환경변화에도 민감하게 반응한다. 살아있는 보이차는 사람과도 같아 밀폐된 환경 즉 공기가 부족한 곳에서는 잘 살수가 없다.

자연발효 과정에서 보이차 품질의 우열은 신선한 공기로부터 비롯된다. 예로부터 보이차의 포장을 죽순껍질과 한지를 택한 것도 이러한 재질의 통기성과 흡수력을 확보하기 위함이다.

한편 긴압 형태의 차가 습기를 먹으면 차의 표면에서 먼저 흡수하게 되는데, 일정한 양의 수분이 접촉면에 넘치면 수분은 안쪽으로 이동하는 동시에 빠르게 골고루 흡수하도록 퍼지게 된다. 따라서 느슨하게 누른 차는 단단한 차보다 수분 흡수율이 높아 저장하는데 유리하다.

또한 덩어리 형태의 긴압차가 줄기형태의 산차보다 습기를 많이 먹더라도 함수량이 높지 않는 것은 차의 단위면적이 클수록 수분 흡수율이 높아지기 때문이다.

야생보이차
대지보이차

차에서 느끼는 행복지수는 후운(後韻)에서 결정된다. '후운'이란 차를 마시고 나서 입안에 남아있는 차의 맛과 향을 일컫는 말이다. 좋은 마실 거리는 모두 오래 지속되는 후운을 지니고 있다.

차에서 느낄 수 있는 후운을 커피에서는 '피니시|finish|', 와인에서는 '꼬달리|Caudalie|'라고 한다. 그래서 피니시가 얼마나 긴지, 또 꼬달리가 얼마나 높은가에 따라 커피와 와인의 등급이 매겨진다. 차 또한 마찬가지여서 후운에 따라 품질의 높낮이가 결정된다. 차 중에서도 보이차가 특히 그러하다.

차의 후운은 찻잎에 포함된 '티 폴리페놀'이란 성분이 만드는 맛이다. 차에 포함된 티 폴리페놀 성분 중에서 가장 많은 것이 '카테킨'이다.

차의 카테킨은 감처럼 혀나 입의 점막이 뻑뻑해지는 정도로 불쾌하지는 않다. 카테킨은 분자구조에 따라 간단한 구조를 가진 원시형태의 유리형과, 유리형 카테킨이 진화하여 복잡한 구조를 띠게 된 에스터형으로 나뉜다. 카테킨 구조가 간단형태에서 복잡형태로 진화하는 것은 일조량 때문이다.

한편 '유리형遊離型'이란 어떠한 물질과 쉽게 떨어지는 형태를 말한 것인 반면 '에스터형'은 결합된 형태를 지닌 '결합형結合型'을 뜻한다.

야생차나무의 찻잎은 원시림 사이로 비치는 햇살인 산광散光을 장시간 받으며 살았기 때문에 긴딘힌 형태의 유리형 카테킨이 많다. 반면 야생차나무가 오랜 세월 진화한 '대지차臺地茶|台

地茶' 즉 운남 지역의 현대차밭은 일조량이 많은 평지나 언덕에서 자라기 때문에 복잡형태의 에스터형 카테킨이 많다.

이러한 과학적 근거에 따라, 구조가 복잡한 에스터형 카테킨을 많이 지닌 대지차일 경우 강한 쓴맛과 떫은맛이 입안을 자극하여 점막에 오래 남는다. 이와는 달리 구조가 간단한 유리형을 많이 지닌 야생차일 경우, 떫은맛이 적고 부드러운 쓴맛이 빠르게 녹으면서 두툼한 긴 후운을 남기는 것이 다르다.

이에 차의 떫은 맛의 강도는 카테킨 총량 중 어느 형태의 카테킨이 많은가에 따라 결정 된다. 한편 같은 야생 찻잎일지라도 해발고도나 생장환경에 따라 카테킨의 비율이 달라진다. 따라서 같은 야생차일지라도 떫은맛의 강도는 차나무가 자란 환경, 즉 일조량에 따라 달라질 수가 있다.

1985년 이무易武의 차 묘목을 맹해현勐海縣 운남농과원雲南農科院 차엽연구소茶葉研究所에 심었는데, 2016년에 이르러 31년 동안 이 차나무의 높이가 8.3m, 지름이 43cm의 대차수大茶樹로 자라났다.

이 차나무에서 보여준 것은 운남성에서 자란 차나무의 굵기와 높이는 반드시 수령과 일치하지 않다는 것을 시사해 준다.

차나무 조상으로 알려진 교목은 소나무처럼 키가 크고, 다 자란 잎의 크기가 손바닥만 하여 '대엽종'이라고 부른다. 운남지방이 원산지다.

차나무의 수령과 명칭은 지역 따라 명확한 기준이 없다. 그러므로 고수차古樹茶 · 노수차老樹茶 · 대수차大樹茶 등의 명칭은 대체로 수령이 많은 찻잎으로 만든 차를 통칭하는 것이다.

운남지역 근대에 심어 밀식 재배된 계단식과 평지 차밭에서 생산된 차를 '대지차臺地茶'라고 한다. 대지차의 90% 이상은 품종 또는 군체종이며, 1960-1970년대 당시 유행하고 있는 홍차에서 개발된 신품종이다. 오늘날의 대지차의 수령은 대체로 10-30년 정도다.

'야방차野放茶'란 40-50년 전부터 재배한 차나무를 오랫동안 관리하지 않고 방치한 대지차밭의 찻잎을 말한다. '황지차荒地茶'라고도 부른다.

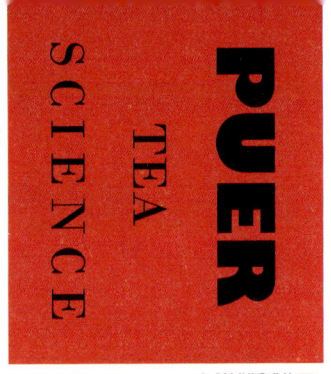

보이차의 저장

보이차를 저장 하는 과정에서 나타나는 갈변은 모두 '비효소갈변 [비효소작용]'의 결과물이다. 보이차 중에서 저장을 통해 품질과 가치 높일 수 있는 차는 생차生茶다. 보이생차는 복합적인 맛과 향이 생성될 수 있도록 충분히 숙성시켜야 비로소 완성된다.

저장환경에 따라 다르나 인자급보이차의 경우를 예로 들면, 30년 정도 지나야 비로소 완벽히 숙성된다는 것은 지난날의 인자급보이차를 통해 알 수가 있다. 미생물발효갈변 보이차는 악퇴 공정에서 페놀물질이 거의 갈변을 끝낸 상태에서 제품으로 출하한 것으로, 저장과정을 통해 변화를 줄 수 있는 성분이 별로 없어, 5년이 지나면 숙성이 거의 끝났다고 봐도 무방하다.

고급보이차가 사람들의 뇌리에 잊을 수 없는 감동을 안겨주는 것은 보이차의 저장방식 때문이다. 보이차의 저장과 보관에는 상당한 노력이 필요하다. 바람이 잘 통하는 건조한 곳에서 보이차가 서서히 숙성되는 동안 새로운 생명이 탄생하듯 말로 표현할 수 없는 희열을 안겨준다.

보이차의 참맛은 산화작용과 일정한 미생물의 작용이 함께 어우러진 결과물이지만, 그 주체는 역시 '자연갈변'에서 비롯된 것이다.

보이차는 원료인 찻잎도 중요하지만 어떻게 보관했는지에 따라 결과가 다르게 나타난다. 보이차는 살아있는 것이어서 미세한 환경변화에도 민감하게 반응한다.

자연갈변 과정에서 보이차 품질의 우열은 신선한 공기로부터 비롯된다. 예로부터 보이차의 포장을 죽순껍질과 한지를 택한 것도 이러한 재질의 통기성과 흡수력을 확보하기 위함이다. 살아있는 보이차는 사람과도 같이 밀폐된 환경 즉 공기가 부족한 곳에서는 잘 살수가 없다.

보이차를 오래 제대로 보관하려면 먼저 신선한 공기를 확보하고, 일정한 온도와 습도가 늘 유지되어야 제대로 숙성이 되어 가치를 높인다.

따라서 이러한 다양한 산화 조건들은 보이차에 산화반응을 일으키고, 적당한 미생물의 작용을 유도하며, 자연산화의 진행을 원활하게 함으로써 보이차의 숙성도를 높여준다. 전통보이차 즉 노생차는 모두 이렇게 숙성된 것인데, 이러한 저장법을 '자연창自然倉'이라 한다.

보이차는 어떻게 보관하느냐에 따라 향과 맛이 더 개선될 수도 있고 반대로 나빠질 수도 있다. 그동안의 연구를 통해 보이차의 저장은, 이른바 '열장숙熱藏熟 냉장향冷藏香', 즉 '고온다습한 조건에서는 숙성이 빠르고, 저온저습의 조건에서는 맛과 향이 좋다'는 결론을 얻을 수 있었다. 즉 차의 자연갈변은, 덥고 습한 곳에서는 숙성이 빠르고, 추운 곳에서는 느리게 진행된다는 것이다.

보이차의 저장은 차의 품질을 떨어뜨리는 '열화인자劣化因子'

들을 철저히 예방해야만 차의 열변劣變을 막을 수가 있다.

보이차의 올바른 저장환경은 다음과 같다.

1) 주변의 공기가 맑아야 한다. 냄새나는 주방에서 멀리 떨어질수록 좋다.

2) 햇빛이나 직사광선을 피하고 산소가 풍부한 서늘한 곳이 좋다.

3) 상온상습常溫常濕, 즉 언제나 온도는 22~25℃, 습도는 65~75% 정도로 유지하면 좋다. 습도가 높은 장마철을 제외하고 저장용기의 뚜껑을 자주 열어 산소와 접촉해야 숙성에 도움이 된다. 핵심은 산소다. 그러나 지나친 습도는 곰팡이 발생의 주범이므로 특히 주의해야 한다.

4) 저장용기는 자연유약으로 구운 통기성이 좋은 옹기甕器가 좋다. 점토 입자가 클수록 통기성이 좋아 산소를 많이 확보할 수 있으므로 저장하는 데 유리하다. 그래서 입자가 고운 자기磁器나 자사紫砂 재질 등은 좋지 않다. 화학유약을 바른 옹기는 차를 오염시킬 수 있으니 피해야 한다.

5) 같은 종류의 보이차를 같은 용기에 저장한다. 생차는 생차

끼리, 숙차는 숙차끼리 저장한다. 또한 숙차 중에서도 인공쾌속 발효갈변된 미생물차와 자연완만갈변된 노생차는 따로 저장한다.

6) A급은 A급끼리, B급은 B급끼리 같은 등급의 보이차를 한 용기에 저장한다. 보이차는 각자 특유한 향기가 있어, 다른 등급의 차와 뒤섞지 않아야 고유한 맛과 향을 지킬 수 있다.

7) 보이차가 숙성 과정에서 변질이 되면 곰팡이 냄새나 썩은 냄새가 난다. 이런 경우엔 곰팡이가 핀 보이차를 골라내어 따로 처리한다.

한편 보이차가 저장과정에서 습도에 많이 노출되면 미생물이 대량으로 번식되어 갈변을 가속화시킨다. 일부에서 보이생차를 이러한 고온다습한 환경을 이용해 대량의 미생물을 번식하여 갈변을 촉진하는데, 이를 '습창법濕倉法'이라 한다. 지난날 홍콩상인들이 대부분의 '칠자병차七子餠茶' 생차를 이 방법으로 저장했다. 그래서 사람들이 이를 '항창港倉' 즉 '홍콩창'이라 부르기도 한다. '항港'은 '향항香港'을 말하며 홍콩의 중국 명칭이다.

습창법 보이차의 갈변은 대부분 부패된 것으로 유의해야 한다. 부패도 발효와 마찬가지로 미생물이 유기물에 작용해서 일으키는 현상이다. 그러나 부패는 세균의 번식에 의해 유해성 물질이 생성되어 식중독이나 유독성 물질을 유발할 수가 있어, 음용하는데 위험이 따른다.

돌이나 나무로 누른 보이 생병은 느슨한 공간 속에 산소가 드나들면서 차를 서서히 자연갈변시켜 최고의 맛을 내게 된다. 그래서 자연갈변 과정에서 보이차 품질의 우열은 신선한 공기로부터 비롯된다.

보이차를 오래 제대로 보관하려면 먼저 신선한 공기를 확보하고, 일정한 온도와 습도가 늘 유지되어야 비로소 제대로 숙성이 되어 가치를 높일 수 있다.

이와는 반대로 보이차의 숙성을 중지하고자 할 때는 진공포장 즉 공기를 차단하면 갈변의 진행을 막을 수 있다. 보이차는 대체로 비닐로 차를 덮어 공기를 차단하는 방법으로 쓴다.

모든 저장식품에는 이른바 가용기간이 있다. 가용기간이 지난 저장식품은 풍미와 함께 그 가치도 떨어진다.

80년대, 홍콩 상인들이 호자급·인자급 등 골동보이차를 모두 비닐로 덮은 것은, 더 이상의 갈변 진행을 막고 보이차의 가용기간을 늘리고자 취한 조치다.

중국에선 '보이차는 운남에서 생산하고, 저장은 동관東莞 |둥관 |에서 이루어진다雲南産茶 東莞藏茶'는 말이 있다. 동관의 차 가게가 7만여 개 넘었으며, 보이차를 포함, 약 40만 톤의 흑차가 이곳에서 저장되고 있다.

동관시의 인구는 작년 기준으로 약 1,000만명 정도이며, 광동성廣東省 |광동성 | 3대도시 중 광주廣州 |광저우 |, 심천深圳 |선전 | 다음으로 큰 도시다. 자료에 따르면 2014년 운남 에서 11.4만 톤의 보이차를 생산했는데, 이 중 85%가 광동성에서 소비되었고, 약 7만 톤 이 동관으로 팔려갔다고 한다.

차를 저장하는데 가장 중요한 것이 신선한 공기로부터의 자연갈변다. 동관에서 가장 큰 규 모의 저장창고가 '천득차업天得茶業'이다.

이곳은 주위의 자연환경 즉 신선한 공기를 최대한 이용해 쾌적한 저장 공간을 확보하는 동 시에 자연친화적 방법으로 차의 숙성을 이끌어내고 있다. 오늘날 천득차업의 차 저장법은 많은 차인들에겐 보이차의 보관 지침서로서 활용하고 있다.

ICS 67.140.10
X 55

团 体 标 准

T/TEA 002-2019

陈 年 普 洱 茶
Aged Puer tea

2019-12-06 发布　　　　　　　　　2020-02-01 实施

广东省茶文化研究会　　发布

T/TEA 002-2019

GB 2350　　　　限制商品过度包装要求 食品和化妆品
GB/T 23776　　茶叶感官审评方法
GB/T 24690　　袋泡茶
GB/T 28118　　食品包装用纸与塑料复合膜、袋
GB/T 30768　　食品包装用纸与塑料复合膜、袋
JJF 1070　　　定量包装商品净含量计量检验规则
国家质量监督检验检疫总局[2005]第75号令《定量包装商品计量监督管理办法》
国家食品药品监督管理总局令第12号《食品召回管理办法》
国家质量监督检验检疫总局[2009]第123号令《食品标识管理规定》

3　术语和定义
下列术语和定义适用于本标准。
3.1 普洱茶　puer tea
云南特有的地理标志产品，以产于普洱茶产地范围内云南大叶种晒青茶为原料，按照特定的加工工艺，具备独特品质特征的茶叶。按加工工艺分为普洱茶（生茶），普洱茶（熟茶）两大类。
3.2 晒青茶　sun-dried puer tea
云南大叶种茶树鲜叶经杀青、揉捻、解块、日光干燥制成的茶叶。
3.3 陈年普洱茶　aged puer tea
在适宜的贮存环境条件下，储存时间超过5年，具备越陈越香的品质特征，包括陈年普洱茶（生茶），陈年普洱茶（熟茶）两大类。
3.4 陈年普洱茶　aged puer tea (raw tea)
在适宜的贮存环境条件下，储存时间在五年以上，具备越陈越香的品质特征的晒青茶压制品。
4　产品分类及生产工艺
陈年普洱茶按加工工艺分为陈年普洱茶（生茶）和陈年普洱茶（熟茶）两种类型；按年数形态分为陈年普洱散茶、陈年普洱茶紧压茶两种形态。
陈年普洱茶紧压茶按储存时间分为初期陈、中期陈、老茶三种类型。
4.1 陈年普洱茶分级
4.1.1 陈年普洱茶（初期陈茶）
在适宜的贮存环境条件下，储存时间在五年以上，十年以下的陈年普洱茶。
4.1.2 陈年普洱茶（中期陈）
在适宜的贮存环境条件下，储存时间在十年以上，二十年以下，具备越陈越香的品质特征的陈年普洱茶。
4.1.3 陈年普洱茶（老茶）
在适宜的贮存环境条件下，储存时间在二十年以上，具备越陈越香的品质特征的陈年普洱茶。

2020년 필자가 학술고문으로 있는 광동성차문화연구원廣東省茶文化研究院에서 처음으로 진년보이차陳年普洱茶의 범위·용어와 정의·분류·검사방법·포장·운송·저장 등 유관사항을 국가의 인가를 받아 'T/TEA 002-2019' 《진년보이차陳年普洱茶》단체표준團體標準을 만들어 공표했다. 이 표준은 2020년 2월 1일부터 실시되었다.

이 표준 분류 '진년보이차陳年普洱茶' 4.1항에서 "적정한 저장환경에서 저장된 5년 이상 10년 이하의 보이차는 '초기진년차初期陳年茶', 저장 10년 이상 20년 이하의 보이차는 '중기진년차中期陳年茶', 20년 이상은 '진년노차陳年老茶'"라고 규정하고 있다.

2020년, 운남성의 차 총생산량은 46만 6천톤이며, 보이차 생산량은 약 16만여 톤이다. 조사에 따르면, 오늘날 광동성廣東省 동관東莞 지역만 그 저장량이 30만 톤을 넘었으며, 전국적으로 약 100만 톤에 이를 것으로 추정된다.

동관은 기업형으로 운명하고 있는 보이차 저장창고가 여러 곳이 있다. 각각 자신의 노하우로 보이차를 저장하는데, 창고의 습도를 유지하기 위해 석회 또는 참숯으로 습기를 조율하고 있다.

보이차 저장에서 핀 금화는 발암물질이다

최근 들어 일부 사람들이 보이차에 핀 곰팡이균을 복전차茯磚茶의 금화金花와 같은 것으로 여기곤 한다. 복전차는 중국 호남성 흑차의 일종으로 찻잎 가운데 비교적 쇤 찻잎과 줄기를 섞어 가공해서 느슨하게 압착한 차를 말한다. 지금은 섬서성陝西省 |산시성| 함양咸陽 |셴양|에서도 만든다.

복전차는 가공과정 가운데 마지막 건조 공정 즉 일정한 수분이 있는 상태에서 누룩곰팡이균인 '아스퍼질러스 크리스타투스 |aspergillus cristatus| ' 가 황색 금화균인 '유로티움 크리스타텀 | eurotium cristatum |冠突散囊菌|' 과 함께 금색 분말형 포자胞子를 형성하는데, 이것을 '발화發花'라고 한다. 이 분말이 황금색을 띠기에 '금화金花'라고도 부르며, 복전차는 바로 이 금화의 많고 적음에 따라 품질 등급이 달라진다.

또한 상품으로 만들어진 복전차에서의 금화는 더 이상 증식되지 않으며, 긴 시간을 저장해도 금화의 개수는 더 이상 늘지 않는 것이 특징이다. 또한 30년 정도를 지나면 금화의 크기가 작아지고 모양이 희미해지는 현상이 일어난다.

그러나 이미 상품으로 만들어진 보이차가 고온다습한 저장환경 즉 저장과정에서 번식된 보이차의 곰팡이균은 '유로티움 크리스타텀'과 누룩곰팡이균인 '아스퍼질러스 크리스타투스' 이외에 또 다른 누룩곰팡이균의 한 종류인 '아스퍼질러스 니가 | aspergillus niger|' 와 푸른곰팡이균인 '페니실린 |penicillium|' 등이 함께 번식한다. 이러한 곰팡이균은 시간이 지날수록 기하급수로 늘어나 차의 변질을 가속화한다.

또한 이 곰팡이들이 함께 착생하면서 검거나 붉은 또는 하얀색의 곰팡이 독소 '미코톡신 |mycotoxin|' 을 생성하여 강력한 발

암물질인 '아플라톡신 |aflatoxin|'을 분비한다는 점이다.

반면에 복전차 금화의 주체인 '유로티움 크리스타텀'과 '아스퍼질러스 크리스타투스' 등의 곰팡이균은 다른 곰팡이균과 함께 번식하지 않을뿐더러 '아스퍼질러스 니가' 와 '페니실린'의 번식을 억제하기도 한다.

따라서 고온다습한 '저장환경' 즉 저장과정에서 습을 먹어 핀 보이차의 곰팡이균은 가공과정 중 '건조 공정'에서 과학으로 만들어낸 복전차의 금화와는 모양만 비슷할 뿐 내용은 전혀 다르다.

보이차에서 핀 금화를 우유에 적용해보면, 복전차의 금화는 마시는 요구르트와 같고, 보이차의 금화는 완제품 우유가 썩어 점질화되어 산패된 것과 같은 이치다.

또한 보이차가 습을 먹어 핀 금화는 차의 부패를 말해준 것뿐만 아니라 발암물질을 분비할 수 있는 해로운 곰팡이균이므로 각별히 조심해야 한다.

보이차에서 핀 금화를 우유에 적용해보면, 복전차의 금화는 마시는 요구르트와 같다. 보이차의 금화는 완제품 우유가 썩어 점질화되어 산패된 것과 같은 이치다.

보이차가 습을 먹어 핀 금화는 차의 부패를 말해준 것뿐만 아니라 이 곰팡이는 아플라톡신 · 오크라톡신 등의 곰팡이독소를 생성해 각종 질환을 유발할 우려가 있다.

곰팡이가 핀 부분만 도려내더라도 곰팡이독소 노출을 피하기 어려우므로 먹지 않는 것이 안전하다. 곰팡이독소를 섭취하면 간장 · 신장 · 신경계 등에 피해를 입을 수 있다.

따라서 보이차에서 곰팡이가 폈다면 도려내 먹지 말고 통째로 버려야 한다.

복전차의 황색 포자 금화균인 유로티움 크리스타텀은 가공 과정 중 마지막 건조 공정에서 생겨난다.

건조실의 습온도는 복전차의 수량과 함수량에 따라 다르다. 일반적으로 온도는 18-28℃, 습도는 70% 이하로 조율하며, 신선한 공기를 공급하는 것이 매우 중요하다.

금화의 생장주기를 보면 건조 5-8일 때 피기 시작한다. 대체로 15-20일 때 과립이 커지는데, 이때가 금화의 성숙기다. 건조 공정은 일반적으로 한 달 정도이면 완성된다.

복전차는 중국 호남성 흑차의 일종으로 찻잎 가운데 비교적 쇤 찻잎과 줄기를 섞어 가공해서 느슨하게 압착한 차를 말한다.

상품으로 만들어진 전통 복전차의 표면에는 금화가 피지 않는다. 그러나 이를 쪼개보면 내부에서 금화를 볼 수 있는데, 금화의 많고 적음에 따라 품질 등급이 달라진다. 오늘날 과학의 발달로 인공접종 방법으로도 금화를 만들어 낸다. 따라서 복전차의 내부뿐만 아니라 표면에도 금화를 보일 수 있게 만들며, 심지어 잎차에도 금화를 필 수 있게 한다.

복전차는 긴 시간을 저장해도 속에서 핀 금화의 개수는 더 이상 늘지 않는 것이 특징이다. 또한 30년 정도를 넘으면 금화의 크기가 작아지고 희미해지기도 한다.

필자는 산동성山東省 |산동성| 일조시日照市 |르자오시| 정부가 설립한 '산동일조흑차연구원山東日照黑茶硏究院' 원장직을 맡고 있어 분기별로 현장에서 지도하고 있다.

산동일조흑차연구원山東日照黑茶研究院에서 개발한 백차로 만든 금화金花 복전차茯磚茶인 '백금복白金茯'과 홍차로 만든 금화 복전차인 '홍금복紅金茯' 제품들이 중국시장에서 좋은 호응을 얻고 있다.

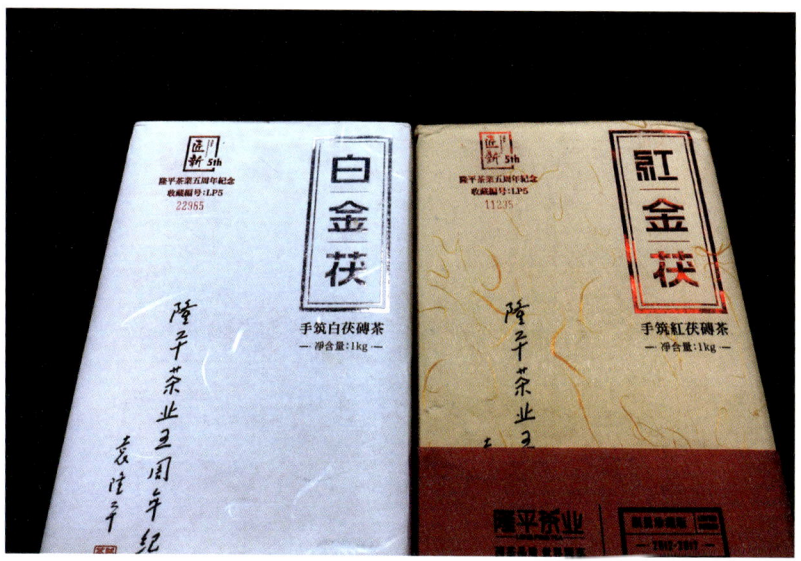

미생물로 발효된 보이숙차는 일반 흑차와 다르다

'악퇴渥堆'는 흑차 제조에 사용되는 특수한 가공공법으로 흑차의 품질을 결정하는데 중요한 공정이다. 흑차는 악퇴 공정을 통해 번식한 다량의 미생물이 차의 발효에 작용했다고 하여 '미생물 발효차'라고도 한다.

예로부터 흑차는 중국의 여러 지역에서 주로 소수민족들에게 공급하는 값이 싼 늙고 쉰 찻잎으로 만들어졌다. 대부분의 흑차는 덩어리 형태이며, 야크 |yak| 우유로 만든 버터와 섞어 마시는 수유차酥油茶 |쑤여우차|의 원료로 쓰인다.

호남성湖南省 |후난성|의 흑전차黑磚茶·화전차花磚茶·복전차茯磚茶·천첨天尖·공첨貢尖·생첨生尖·상첨湘尖 등과 사천성四川省 |쓰촨성|의 강전康磚·금첨金尖·원포차圓包茶·방포차方包茶와 호북성湖北省 |후베이성|의 노청전老靑磚과 광서성廣西省 |광시성|의 육보차六堡茶 등이 있다.

예로부터 운남성은 자연갈변으로 숙성시키는 보이생차만 생산해 왔는데, 1973년 미생물로 쾌속발효 갈변시킨 보이차를 개발했다. 이 공법의 핵심이 '악퇴'이므로 차 학계에서 보이차를 흑차류에 편입시켰다. 그러나 차에 관한 연구와 학문이 발전하여 더욱 세분화됨에 따라 보이차의 가공과정이 일반적인 흑차와는 다르다는 것을 알게 되었다.

일반 흑차의 가공과정은 일반적으로 |일부의 건배를 제외| '습배濕坯' 즉 생엽 → 살청 → 유념 |유념엽 |揉捻葉| → 악퇴 → 건조 |흑모차|黑毛茶| 등의 4단계를 거치는 반면, 운남성의 보이차는 '건배乾坯' 즉 생엽 → 살청 → 유념 → 초벌차 |쇄청모차|曬靑毛茶| → 악퇴 → 건조 등의 5단계 과정을 거쳐 완성된다.

따라서 같은 악퇴과정일지라도 보이차는 햇볕으로 건조된 초벌차를 원료로 삼는 반면, 타 종류의 흑차는 일정한 수분을 지닌, 비빈 찻잎인 '유념엽揉捻葉'을 원료로 하는 것이 주류다.

악퇴 과정에서 찻잎의 수분과 공정의 차이는 보이차가 다른 흑차와는 전혀 다르게 나타난다. 예를 들어 악퇴로 만든 보이차의 외형과 우려낸 수색은 짙은 갈색|밤색|인 반면, 다른 흑차는 대부분 황갈색을 띤다.

특히 다른 흑차에서는 발견되지 않고 오직 악퇴쾌속후발효 또는 자연완만갈변의 보이숙차에서만 보이는 '보이차소普洱茶素|Puerins Ⅰ-Ⅷ|' 일명 '흑차소黑茶素' 성분이 이를 말해주고 있다.

따라서 흑차와는 다른 가공 공정을 통해 만든 보이차를 흑차가 아닌 새로운 차 종류로 분류해서 혼란을 없애야 한다는 주장이 설득력을 얻고 있다.

이들이 주장하는 바는, 단지 악퇴공법을 사용했다고 해서 보이차를 흑차류에 포함시키기에는 무리가 있으니, 보이차를 흑차류에서 떼어내서 새로운 차류인 '갈차褐茶|Brown tea|'에 넣자는 의견이다.

경위복차涇渭茯茶

흑차 수색에서 보인 갈색 성분은 '테아브로닌'에서 비롯된다. 악퇴공법을 강하게 할수록 흑차의 수색은 진한 갈색 |밤색 |으로 나타난다.

호남성 안화의 대표적인 흑차가 천량차千兩茶다. 예로부터 천량차는 거친 잎으로 만들었으며, 주로 소수민족들에게 공급했다.

호남성 안화의 흑전차黑磚茶는 한 때 외국으로 수출하기도 했다. 흑전차의 포장지엔 러시아 분자가 적혀 있어, 옛 소련연방국으로 수출했다는 것을 알 수 있다.

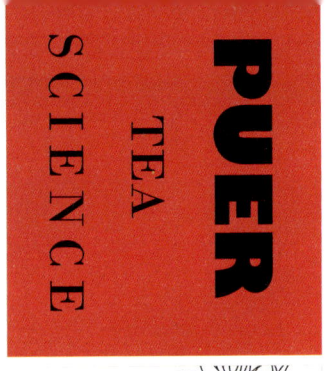

보이차와 건강

보이차가 건강에 유익하다는 사실이 전 세계에 알려진 것은, 1978년 프랑스 파리 '성뽈 안토니오 임상의학실험실'의 보고서를 통해서이다. 이 보고서에 따르면, 당시 과체중인 사람에게 인공쾌속발효갈변된 보이숙차를 하루 3잔씩 한 달 동안 꾸준히 마시게 한 결과, 혈중의 지방 함량이 1/4로 줄었다.

이렇게 보이차를 마시면 체지방이 줄어들고 다이어트에 주효하다는 것이 알려지자, 보이차에 '요조차窈窕茶'·'감비차減肥茶'·'수신차瘦身茶' 등의 새로운 별명이 생겼다.

보이숙차는 생차와는 달리 대부분의 카테킨이 산화되어 함유량이 절반 이하로 줄어든다. 여기서 말하는 숙차는 인공쾌속발효갈변을 한 보이차 뿐만 아니라 오랜 기간 묵힌 자연완만갈변된 보이노차도 포함한다.

오늘날 보이차와 건강의 관련성 연구는 모두 숙차에서 해답을 찾고 있다. 그 이유는 숙차에 포함되어 있는 카테킨의 최종산화물질인 '테아브로닌' 때문이다.

분자가 작아 물에 쉽게 녹는 무색의 카테킨이 계속 산화·중합되면 최종적으로 갈색|밤색|으로 변해 '테아브로닌'으로 된다. 테아브로닌은 차의 용해성분 중 분자량이 가장 커 '고분자 중합체' 또는 '최종 중합체'라고도 한다.

이는 카테킨 가운데 산화카테킨인 테아브로닌 보다 색소 분자가 더 클 경우 물에 녹지 않으므로 이를 카테킨의 '최종산화물'이라 한 것이다. 예를 들어 같은 양의 녹차와 보이숙차를 마실 경우 보이숙차의 소변 횟수가 적은 것은 분자가 큰 테아브로닌이 체내에 너 오래 머문 이유이기 때문이다.

이 논리에 따라 최근 연구에서, 보이숙차에서만 발견되는 테아브로닌 성분은 체지방을 산화·감소시키고, 음식물을 섭취했을 때 지방이 몸에 흡수되지 않고 바로 배설되도록 돕는 것으로 알려졌다. 특히 고혈압, 당뇨병 환자에게서 콜레스테롤 수치를 낮추는 효능이 있다는 임상보고도 있다.

2009년 보이시정부에서 '보이차과학연구행동계획普洱茶科學硏究行動計劃'으로 명명한 연구에서 '보이숙차' 즉 인공쾌속발효갈변된 숙차 또는 자연완만갈변된 보이노차에서 보인 갈색|밤색|물질인 '테아브로닌'이 당뇨병 치료에 탁월한 효과가 있다는 것이 밝혀졌다.

이 연구의 실험참가자 120명 중 85% 이상이 심혈관 질환이 있고, 60% 이상이 신장 질환·눈 질환·족부 궤양 및 신경장애를 포함하여 다른 당뇨합병증을 앓고 있었는데, 연구기간 중 환자들에게 보이숙차 분말을 복용케 했더니, 실험 45일 뒤 혈당측정에서 제1형 환자 70%의 혈당치는 평균 35% 내려갔고, 제2형 환자 40%의 혈당치가 정상치로 나타났다.

또한 고지혈증을 앓는 당뇨환자들의 혈청 중 총 콜레스테롤의 수치와 중성지방 함량이 평균 60~70% 정도 낮아졌다. 따라서 오늘날 많은 사람들이 테아브로닌을 가리켜 '당뇨천연약'으로 부르고 있다.

보이차를 마시는 올바른 방법은 당뇨·고혈압 환자의 경우 식사 후 마셔야 효과가 좋다. 또 다이어트를 할 경우 식사 중에 음식과 병행해서 마시면 상승효과가 커져 단기간 내에 체중감량이 가능하다.

(Athanasius Kircher, 1601-1680)

17세기 학자 아타나시우스 키르허는 독일 태생의 예수회 성직자이자 학자·발명가·화가
다. 1667년 이탈리아 로마에서 중국에 관한 사항 〈China Illustrated〉를 출간했다.

아타나시우스 키르허는 자신이 그린 삽화에서 차나무의 잎을 유난히 크게 그렸다. 잎은 대엽종이며 햇볕에서 말린 이른바 '쇄청차'이라는 것을 강조했다.

차나무는 햇빛을 받아 자라는 식물이란 점과 원본 그림 아래에는 'CHA'라고 써져 있어, 이것이 찻잎이라는 것을 설명하고 있다.

姜育發 第二十三卷 茶書

三寧堂 2022 製作

將此書獻於我心目中永遠天使 故 畢鳳蘭女士